D0744410

EN EQUIPO CON SU HIJO

EL MÉTODO BOWDOIN

Dedicado a todas las madres y padres que han descubierto que hacer de sus hijos personas brillantes y perceptivas es la cosa más natural del mundo.

Ruth Bowdoin

EN EQUIPO CON SU HIJO

EL MÉTODO BOWDOIN

STAMPLEY

Autora:
Ruth Bowdoin

Ilustrador:
Mark Zahnd

Traductora:
María Teresa Sanz

Versión en español:
© Copyright 1997
C.D. STAMPLEY ENTERPRISES, INC.
CHARLOTTE, NORTH CAROLINA, U.S.A
ISBN: 1-58087-014-7

Versión en inglés:
© Copyright 1991, 1993
Webster's International Tutoring Systems, Inc. en siete volúmenes

ÍNDICE

PRÓLOGO

Algunas indicaciones para leer con provecho este libro.

En equipo con su hijo reúne los puntos básicos de un eficiente programa pedagógico, cuya autora, Ruth Bowdoin, ha merecido diversos y reconocidos premios. Este libro nos introduce a una nueva perspectiva de relación entre padres e hijos. Las ideas y sugerencias expuestas a lo largo de todos sus capítulos constituyen un método cuya aplicación continuada le llevará a la plena participación de usted, padre o madre, en tanto que guía y compañero, en la educación de su hijo. Además, aprenderá a aumentar las capacidades innatas del niño y a favorecer su éxito en la escuela. El método Bowdoin proporciona la motivación para seguir de cerca el trabajo en equipo entre padres e hijos y el refuerzo constante del objetivo perseguido: lograr una mejor educación para el pequeño, en medio de un ambiente más estimulante y feliz.

Las páginas que siguen contienen la información necesaria para una interrelación eficiente y productiva y le ofrecen sencillas a la vez que brillantes ideas pedagógicas que pueden ponerse en práctica de inmediato en cualquier ocasión y cuyo resultado no tardará en comprobar. No sólo eso: la información ofrecida aquí le ayudará también a conocer mejor a su hijo al tiempo que usted, igualmente, irá conociéndose mejor; usted aprenderá de su hijo y él aprenderá de usted de manera natural, ya sea en medio de las situaciones e interrelación cotidianas o bien combinando las ideas y sugerencias de Ruth Bowdoin con cualquier otro método pedagógico específico que usted, como padre deseoso de una buena educación para el niño, haya elegido. Sencillamente, las ideas de *En equipo con su hijo* mejorarán la interrelación familiar; todos en su casa saldrán ganando. Sin duda, estará de acuerdo, estimado lector, en que el mero hecho de participar, padres e hijos, y disfrutar plenamente de la mutua compañía es ya una norma a todas luces provechosa.

Ruth Bowdoin no propugna milagros ni teorías improvisadas; tampoco propone fórmulas nuevas o "de moda", sino pautas sencillas, unas centradas en el campo afectivo y otras en el terreno cognitivo, y todas ellas basadas en sólidas investigaciones psicopedagógicas que ayudan tanto a padres como a hijos y que sirven para despejar el camino o marcar los pasos a seguir en situaciones en que todos a veces nos vemos en la necesidad del respaldo de una opinión autorizada y objetiva.

La autora cree firmemente en el enorme potencial de los padres en tanto que maestros de sus propios hijos. En eso consiste la base de su método. Y para poner ese potencial en acción recomienda, como punto de partida, el uso de recursos de incalculable valor y al alcance de todos: amor, comprensión, respeto, calidez humana, entusiasmo...

Ruth Bowdoin propone una revisión a fondo de los comportamientos y actitudes de los padres hacia el niño y de la atención que se le presta de continuo. Defiende, además, que los padres favorezcan la creación en su hijo de sentimientos positivos que enriquezcan su autoconcepto y su autoconfianza. Pedagogos y educadores reconocen, de manera unánime, la estrecha relación entre la imagen que el niño tiene de sí mismo y su progreso y aprovechamiento en la escuela. Por ello, insiste de manera constante en la necesidad de que el niño experimente éxito para que llegue a sentirse seguro de sí, capaz y valioso.

Quizá usted se haya visto, en ocasiones, empujado a elaborar un conjunto de teorías improvisadas con el fin de salir al paso en las diversas situaciones de la vida cotidiana con el niño. Estas teorías surgen del razonamiento acerca de lo que uno mismo cree que debe ser el proceder correcto y responsable o del ideal que usted se ha formado como padre o como madre, más que de normas aprendidas en virtud de un criterio educativo determinado; son muchos los padres que no han recibido una formación específica para desempeñarse como tales. Así, resulta frecuente que un padre se vea asaltado por la duda y busque respuestas y orientación acerca de cómo proceder en tal o cual circunstancia.

¿Qué hacer ante un berrinche o una rabieta de su hijo? ¿Cómo combatir la apatía y la falta de interés en el niño? ¿Cómo utilizar de manera positiva el sistema de premios y castigos, o cómo responder ante reacciones de agresividad y rebeldía del pequeño? Entre las diversas ventajas de las páginas que siguen a continuación está la de que no necesariamente deben leerse siguiendo la estructura y secuencia que presentan, sino que pueden consultarse ateniéndose a las necesidades específicas del lector que busca orientación.

En equipo con su hijo se centra en las relaciones de madre-hijo y también de padre-hijo. Por lo tanto, destaca la importancia de las influencias de padres a hijos y también de hijos a padres, así como del control que el pequeño ejerce sobre el comportamiento de los padres; la familia se entiende como un sistema de relaciones múltiples en el que se incluye también a los hermanos y terceras personas, como los abuelos y tíos, que conviven dentro del núcleo familiar, sin perder de vista otros aspectos complementarios de influencia, como son la escuela, los medios de comunicación, los amigos, los valores, las creencias.

El método Bowdoin no pretende ser en ningún momento una sustitución del maestro o de la escuela, sino que favorece la mutua colaboración entre padres y maestros para lograr un aprendizaje eficaz. Los padres pueden preparar al niño para que desarrolle las habilidades y conocimientos básicos y complementarios para un buen aprendizaje de la lectura, las matemáticas u otras materias. Y cuando el pequeño está encaminado, la ayuda de los padres en tanto que orientación y refuerzo de lo aprendido resulta determinante. Su acción educadora se potencia enormemente cuando los diversos contextos en los que se desarrolla el niño se interrelacionan por medio de la comunicación y las actividades compartidas. En estos principios se basan las sugerencias de la autora.

Ruth Bowdoin sabe que el niño aprende constantemente pero, a menudo, no aquello que sus padres pretenden enseñarle de manera expresa; capta con más facilidad determinada actitud del padre o de la madre (su disponibilidad a escuchar o al diálogo, su intransigencia, el léxico que utiliza el progenitor) en lugar de las normas que desean inculcarle acerca de determinada materia. Así, el desarrollo psicológico del niño es más rápido y favorable cuando éste se desenvuelve en un ambiente relajado y flexible, que estimule en él cualidades como la curiosidad de espíritu, la creatividad y el sentido crítico.

Gran parte del aprendizaje del pequeño se lleva a cabo a través de la asociación de ideas y la observación, es decir, a través de las acciones de los demás. Todo padre sabe que el hijo tiende a imitar su conducta, a expresarse con las mismas palabras con que aquél se expresa e incluso con sus mismos gestos. Así, Ruth Bowdoin ofrece numerosas y prácticas sugerencias para aprovechar los recursos que proporciona la convivencia e interrelación en el hogar. En la medida en que el niño posea un mayor grado de conocimiento del léxico y una estructuración más compleja de las frases con que se expresa, más fácil será su aprendizaje.

Por otro lado, su capacidad de aprendizaje y su rendimiento están en relación directa con la opinión que el niño tiene de sí mismo. Si los padres se expresan de manera continua en términos negativos acerca de sus hijos y los tildan de flojos, malos o inútiles, éstos irán adquiriendo una autoimagen muy pobre que difícilmente podrá mejorarse. Ruth Bowdoin recomienda proporcionar al niño mayor atención afectiva, no escatimar los elogios hacia el pequeño cuando sean merecidos y ser pródigo en alabanzas a su desempeño siempre que haya ocasión. Los padres deben aceptar a sus hijos como personas independientes que son, y fijarse a sí mismos un nivel de aspiraciones igual al que ellos exigen para sus hijos. Las restricciones que les impongan a los pequeños deben ser equilibradas (no se debe caer en la blandura ni tampoco en la excesiva dureza). El niño con un buen autoconcepto es activo, sociable, posee sentido del humor, participa en las discusiones y es feliz y seguro de sí mismo. A esto hay que añadir que, si se siente motivado, los resultados positivos no tardarán en ser evidentes.

El aprendizaje, la motivación, la autoestima y la disciplina son condiciones indispensables para lograr una educación satisfactoria. Por eso, las recomendaciones que usted encontrará en estas páginas adquieren tanto interés. *En equipo con su hijo* consigue acercar la teoría con la práctica, para obtener resultados inmediatos.

CAPÍTULO 1

VALORES POR LOS QUE VIVIR

Hace años la gente solía creer que para forjar un buen carácter había un solo camino: el castigo físico. En algunos países a los niños se les imponía crueles castigos. ¡Les amarraban las manos para que aprendieran a no tocar las cosas! ¡Les cortaban los labios si decían palabras altisonantes! ¡Les cortaban las manos si cometían un delito mayor! En otros países, por fortuna la mayoría, no hemos llegado a tal grado de crueldad. ¡Pero hemos tenido problemas! Y todavía los tenemos.

Cada año aumenta el número de menores que en casi todo el mundo se ven involucrados en hechos que contravienen la ley; en consecuencia, cada vez son más los menores que ingresan a prisión y el número de delitos graves cometidos por jóvenes menores de 18 años ¡va también en aumento!

Sobra decir que usted quiere que sus hijos lleguen a ser mujeres y hombres de bien, que sean responsables y puedan convivir en armonía con los demás. Y quiere también, de ello estoy segura, que contribuyan en la vida con su mayor esfuerzo, que sean amorosos con su familia y se respeten a sí mismos.

Las personas de valía hacen elecciones sabias y toman las decisiones correctas. Su forma de ser les ayuda a *elegir* la dirección que seguirán en la vida. Se ha comprobado que el mayor desarrollo del criterio moral acontece entre los 9 y los 13 años de edad. Con mucho, el hogar es el que ejerce la mayor influencia. Lo que usted hace no siempre es lo que más importa; lo que cuenta en verdad es ¡cómo lo lleva a cabo! Actúe, pues, de modo que sus hijos desarrollen valores por los que vivir, valores que hagan de la vida algo que merezca la pena: Actúe con amor; con afecto; con esmero.

La responsabilidad

Mi papá dice que soy una persona responsable, porque nadie tiene que decirme qué debo hacer. Pienso que tiene razón. Ayudo en todos los quehaceres de la casa –no solamente en las cosas que mi papá quiere que yo haga. Mi mamá también necesita ayuda, de modo que yo contribuyo con las tareas necesarias.

La verdad es que no siempre ME GUSTA hacer ese trabajo; pero mi mamá trabaja y necesita que alguien le ayude en la casa. De modo que yo ayudo lavando los trastes, tendiendo mi cama y ayudando a que la casa se mantenga limpia. Me gusta mucho jugar, pero ¡también comparto la carga de trabajo en la casa!

Además, siempre trato de hacer mi tarea de la escuela sin que nadie tenga que recordarme que debo hacerla. Es algo que debe hacerse, de modo que siempre cumplo a tiempo con mi obligación.

También cuido de mis cosas personales. Si tengo que pedir prestado algo a un amigo en la escuela, procuro que no se me olvide regresárselo. Y si pierdo alguna cosa que pertenece a alguien más, la repongo.

Me gusta oír decir a mi papá: "Estoy contento porque eres una persona responsable."

¡Me siento magníficamente cuando le escucho hablar así!

Jorge

¿Cómo puedo ayudar a que mi hijo sea responsable?

Los padres hablan. . .

Las tareas que encomiendo son razonables.

A mis hijos les encargo como quehacer una serie de cosas: Tienden su cama, lavan los trastes, ponen la mesa, y me ayudan a preparar la comida. Además, sacan la basura, barren y sacuden el polvo. Todo esto no lo hacen de vez en cuando, sino a diario. Ello me sirve de ayuda y a ellos también les ayuda a crecer siendo personas responsables.

A mí me gusta que trabajen en equipo.

Les digo a mis hijos que todos en la casa formamos un equipo. Y trabajamos juntos tal y como si perteneciéramos a un equipo de fútbol. Cada uno de nosotros se encarga de un quehacer en especial. Y cuando alguno no se siente

bien, tomamos su puesto y hacemos su trabajo. Me gusta que toda mi familia se sienta parte de un equipo. Así, trabajamos juntos y también jugamos juntos. Nos pertenecemos unos a otros.

Doy gran importancia a la responsabilidad y al derecho de cada uno.

A Anita le reconozco el derecho a decidirse por lo que ella crea conveniente. En ocasiones, las alternativas que elige no son las que le convienen, de modo que ¡debe asumir las consecuencias! Estuvo ahorrando dinero para comprarse una bolsa nueva. Pero más tarde decidió que prefería comprar algo superfluo que ¡ni siquiera necesitaba! Por lo tanto, no pudo comprarse la bolsa que quería. Tomó una decisión y ¡tuvo que asumirla! Debe

aprender a ser responsable de sus decisiones. Ella sabe que yo también tengo que asumir mis propios errores cuando los cometo.

Hago que mis hijos sepan responder por sus acciones.

Siempre les he dicho a mis hijos: Los errores no cuentan cuando se han cometido de buena fe. Lo que cuenta es corregirlos. Hace poco le pedí a Alfonso que fuera a la tienda a comprar el pan. A su edad, nueve años, debería ser capaz de cuidar el dinero que le entregan para el mandado. Sin embargo, me dijo que ¡su moneda de cinco pesos había desaparecido sin saber cómo! Los dos conversamos acerca de su falta de responsabilidad. Le propuse que ayudara a reponer los cinco pesos con trabajo extra en la casa.

Los padres hablan. . .

Estuvo de acuerdo y lavó las paredes de la cocina. Pienso que lo que le propuse es algo razonable y algo que a él también le pareció justo. ¡Espero que la próxima vez actúe con más responsabilidad!

Mis hijos saben que yo me preocupo por ellos.

La responsabilidad se desarrolla desde pequeños en el hogar. Se va creando cuando a los niños se les comprende, se les ama y se les valora.

Los niños más felices aceptados y responsables, provienen de hogares en los que reina la armonía. Por lo tanto, pienso que en la casa debemos inculcar, sobre todo, sentimientos de amor.

Un niño resentido y herido en su propio yo no puede ser responsable. Por lo tanto, hago que mis hijos perciban que me preocupo por ellos. Pero sin ser absorbente o sobreprotegerlos. ¡No quiero que se sientan incómodos o avergonzados delante de sus amigos!

Trato de hacer preguntas que fuercen a mis hijos a PENSAR Y RAZONAR.

Les pongo como ejemplo a otras personas. El que yo les "diga" las cosas a mis hijos no es suficiente. Prefiero que aprendan a razonar por sí solos. Necesitan formarse su propio criterio de las cosas.

Yo les hago preguntas como las siguientes: ¿Crees que romper el vidrio de una ventana es de una persona responsable? ¿Por qué está mal echar basura en la calle? Cuando los niños conversan acerca de cuestiones como éstas expresan ideas buenas y positivas. Y yo sé que les estoy inculcando buenos sentimientos.

Espero lo mejor de mis hijos.

Mis hijos saben que yo espero de ellos lo mejor que puedan dar de sí mismos. También hago de esta idea algo razonable, porque mi intención es la de ser justa con ellos. Si saben que yo espero que lleven a cabo algo difícil, harán lo posible por realizarlo. Saben qué es lo que yo espero de ellos a la hora de actuar, de modo que lo más probable es que actúen en consecuencia. Saben también que confío en que llevarán a cabo sus rutinas normales sin que tenga que recordarles constantemente que deben hacerlas. Y saben además que tengo la certeza de que harán sus tareas y de que confío en que las harán lo mejor posible.

La amabilidad

Me llevo bien con todos mis amigos.

Sin embargo, ayer, a Martín no le dejaron que jugara fútbol con nosotros.

Martín es nuevo en la escuela. Por eso, se quedó parado, observándonos mientras jugábamos.

A mí me pareció que se veía triste.

Y creo que estoy en lo cierto porque no tenía ningún amigo con quien jugar.

Me puse a pensar en cómo me sentiría yo si, igual que Martín, fuera nuevo en la escuela y nadie me dejara entrar a su equipo para jugar.

De modo que les dije a los demás: "Creo que Martín es bueno en el juego.

¿Qué tal si le damos una oportunidad y le dejamos que juegue con nosotros?"

Mis amigos no parecían muy animados.

Al final, dijeron que lo pondrían a prueba, y que si no les gustaba su forma de jugar, tendría que salirse del equipo.

¡Vaya que si era bueno!

¡Tiene un tiro increíble!

Lo pusimos de delantero y, al poco rato, ¡metió gol!

Ahora todos quieren que Martín juegue en su equipo.

Y él ya se ve muy contento en la escuela.

¡Qué bueno que así sea!

Carlitos

¿Cómo puedo ayudar a que mi hijo sea amable?

Planeo ciertas cosas con el fin de que las hagan.

La amabilidad no es una cualidad innata en el niño, sino que es algo que debe aprenderse. Siempre trato de tener esto en cuenta. A diario surgen situaciones que sirven para que mis hijos tengan la oportunidad de ser personas amables con los demás.

Cuando se enferma un amigo, le escribimos juntos una tarjeta con nuestros deseos de que se alivie o le enviamos una carta, firmada por todos nosotros.

A una vecina que camina con dificultad, mis hijos le hacen algunas compras para su comida y recogen la correspondencia de su buzón. Hace poco, la casa de una familia vecina se incendió y les ofrecimos alimentos y ropa. A la semana, son muchas las ocasiones que se presentan de ser amables.

Mis hijos practican la cualidad de la amabilidad al tiempo que hacen cosas útiles para los demás.

¡No permito que se rían de los errores ajenos!

Sé bien que la infancia es una edad en que la risa brota de manera fácil y, por lo tanto, es algo natural. Pero mis hijos han aprendido a no reírse a costa de otra persona. Quizás alguien encuentre divertido presenciar la caída de un niño obeso que trata de atrapar a otro corriendo en el juego.

Quizá mi hijo sienta deseos de reír cuando un compañero contesta mal una pregunta del maestro. Pero yo le digo con firmeza: "Lo siento, pero no debes reírte de los errores ajenos. Es una descortesía." Les enseño a mis hijos a reírse con los demás, pero no de los demás.

¡No permito que usen apodos despectivos!

A Anita le enseño que llamar a una persona por un apodo despectivo es algo inconveniente y de mal gusto. A nadie le gusta que le coloquen etiquetas de tono cruel o irónico, como, por ejemplo, "gordinflón" o "larguirucho". ¡Esta clase de bromas lastiman a quien las recibe! Siempre pienso en lo mal que se sentiría mi propia hija Anita si alguien se ensañara con ella poniéndole algún apodo.

Doy explicaciones detalladas.

No quiero que mis hijos sean groseros o descorteses con otros niños; por eso, les explico lo mucho que ello

Los padres hablan. . .

puede lastimar a la persona. A nadie le gusta sentirse lastimado. Un niño se siente así cuando no es aceptado por un grupo y lo dejan aparte; o cuando no tiene amigos con quien jugar. Una persona amable muestra preocupación e interés por los sentimientos de los demás.

Les pongo por ejemplo a otras personas.

Cuando veo a otras personas que son amables, me apresuro a hacérselo notar a mis hijos.

"¿Te diste cuenta de cómo ayudó Laura a su abuelito a subir las escaleras?" "¡Qué amable fue Manuel al decirle a su amiguito que no llorara por haber perdido su pelota!" "Andrés fue muy amable al repartir su bolsa de dulces con sus amigos." Cuando hago la observación

acerca de estas cosas mis hijos reparan también en ellas.

Enseño a mis hijos a usar palabras corteses.

Expresiones como: "Discúlpame, por favor", "Lo siento mucho", o "Te ruego me disculpes", deben aprenderlas los niños para ser amables y corteses. La amabilidad es una cualidad que se aprende. Unas cuantas palabras y algunas alusiones breves son suficientes para recordar cómo deben comportarse. "¿Dijiste 'por favor'?", o "Me alegro de que te acordaras de darle las gracias a tu tía Clara por su tarjeta de cumpleaños." Las palabras crean buenos sentimientos, y nos dicen lo que somos.

Enseño a mis hijos a cuidar a los animales.

Tenemos un gatito en la

casa. A mis hijos les gustan mucho los gatos. Puesto que a mí me gustan, a ellos también les gustan. Además, prestamos atención a las necesidades de nuestro gato. Cuando tiene hambre le damos de comer. Cuando brinca y se acurruca sobre nuestras rodillas es porque necesita afecto.

Puede que lo regañemos, pero nunca lastimamos sus sentimientos. Si mis hijos sienten y demuestran afecto por los animales, mostrarán el mismo tipo de sentimientos hacia las personas.

La honestidad

Hay personas que piensan que si se encuentran algún objeto perdido tienen derecho a quedarse con él.

Yo no pienso así. Cuando encuentro algo que no me pertenece trato de encontrar también a su dueño.

Si yo perdiera algo, me gustaría que quien lo encontrara me lo regresara.

Una vez, mis papás me regalaron 50 pesos para que me comprara algo de mi gusto en la tienda de Doña Rosita.

Ésta me regresó cinco pesos de más con el cambio.

Cuando, fuera de la tienda, conté el cambio y me di cuenta de que tenía dinero de más, pensé por un momento en quedármelo.

Pero enseguida razoné: "Eso no está bien", y fui a regresarle los cinco pesos a Doña Rosita.

Ella, agradecida, me dijo que muchos no hubieran hecho lo mismo, es decir, regresar el dinero de más.

¡Me sentí orgullosa y satisfecha de lo que acababa de hacer! ¡Y también mis papás se sintieron orgullosos de mí!

Isabel

¿Cómo puedo ayudar a mi hijo a ser honesto?

Los padres hablan. . .

Platico mucho con mis hijos.

En la casa, platico y escucho cuando mis hijos expresan sus opiniones. Cuando conversamos, llamo la atención acerca de personas que no se hayan comportado con honestidad. Hablamos de lo mal que éstas deben sentirse en su fuero interno y de cuáles deben haber sido sus necesidades para actuar sin honradez.

Permito que mis hijos expresen su propia opinión acerca de todo tipo de situaciones; ellos necesitan exteriorizar su parecer. Y dejo que manifiesten su desacuerdo o su conformidad, porque finalmente sé que van a llegar a conclusiones y decisiones que influirán en sus propias vidas. Los temas acerca de los que conversamos les ayudarán más tarde a tomar decisiones prudentes y sensatas, conforme vayan creciendo.

Predico con el ejemplo.

Trato de que mis hijos perciban que yo soy una persona honesta en mis acciones de cada día. Ellos saben qué hago y cómo vivo. Saben también cuál es mi manera de pensar al respecto.

No podría exigirles a mis hijos que no engañen a otro, si, por otra parte, me oyeran a mí alardear de haber engañado a alguien. También sé que van a mentir si ven que yo miento. Debo dar el ejemplo, pues mis hijos probablemente serán como yo soy.

No les pongo "etiquetas" a mis hijos.

No me gustaría que a mi hijo se le conociera por mentiroso o por ladrón.

Cuando Andrés era pequeño solía aumentar cualquier situación o suceso con detalles producto de su imaginación.

Lo que Andrés buscaba con ello era atraer mi atención. Y yo le decía: "¿De veras? A mí me parece que eso no es más que un cuento divertido." Nunca lo llamaba mentiroso ni le daba sermones, pero él sabía que yo no aceptaba lo que acababa de inventar. Poco a poco fue perdiendo la costumbre de fantasear.

Ahora que ya creció, si advierto que está tergiversando la verdad o añadiéndole fantasías, le hago la observación de inmediato y le digo: "¡Eso no es cierto! ¡Se debe decir siempre la verdad!" Si constantemente lo tildo de mentiroso, ¡podría volverse un mentiroso!

Los padres hablan. . .

Aprovecho incluso los comerciales de la televisión.

A veces, si estamos todos viendo televisión, les pido a mis hijos que escuchen lo que se dice en los comerciales acerca de cualquier producto. Ellos lo toman como un juego y les prestan atención para ver si, en su opinión, lo que se afirma en el comercial es:

(1) cierto,
(2) cierto sólo en parte, o
(3) falso.

Platicamos acerca de si la persona que lo anuncia conoce en realidad el producto y prestamos atención para ver si el anunciante ofrece pruebas acerca de lo que afirma del producto.

Pienso que ésta es también una forma de ayudar a que, desde pequeño, el niño comience a formarse su propio criterio de la honestidad y la honradez.

Trato de buscar la causa de ciertas conductas.

Es natural para un niño pequeño tomar objetos que no le pertenecen; de hecho, es algo que suelen hacer a menudo. Sin embargo, si uno de mis hijos mayores llegara a hacer esto, tendría que admitir que hay algo que falla en él y que existe un problema que debe resolverse.

Un niño roba, miente o hace trampa por alguna razón. Hace trampa en los exámenes, por ejemplo, porque quizá resiente una presión excesiva de sus padres que lo fuerzan a que sus calificaciones sean óptimas.

Roba, quizá, porque quiere algo que no posee. Por otra parte, puede suceder que haya actuado mal influido por malas compañías. Es posible que mis hijos mientan cuando sepan que han hecho algo que yo desapruebo.

Cualquiera que fuera la razón, tendrían que poder decírmela. Si no fueran capaces de ello, tendría que pensar que yo también soy parte del problema. Podrían, por ejemplo, estar ocultándome algo a causa de algún resentimiento contra mí. Todo comportamiento tiene siempre una causa. La honestidad, en cambio, se aprende. Yo trato de preguntarme: "¿Cuál fue la causa de que mi hijo actuara así?" Buscar las causas me ayuda a encontrar respuestas.

El respeto por los demás

Mi papá dice que debo pensar en los demás y estar dispuesto a ayudarles cuando lo necesiten.

No tengo por qué estar de acuerdo con todo lo que hacen los demás. Y puede que no coincida con sus opiniones.

Pero así como yo tengo derecho a expresar mis opiniones ellos tienen derecho a expresar las suyas.

Esto, naturalmente, es válido mientras nadie más resulte perjudicado.

Yo sé que todos somos diferentes. Cada persona tiene un aspecto diferente a las demás y actúa también de muy distinta manera.

Mi mamá dice que eso hace que la vida sea más interesante y hermosa.

Cada persona tiene sus propias cualidades. ¡Todo eso es algo necesario! Nunca me mofaría de personas que son distintas a mí.

José

¿Cómo puedo ayudar a que mi hijo tenga respeto por los demás?

Los padres hablan. . .

Trato de fomentar el respeto a los demás mediante mi forma de ser.

Estoy convencido de que ésta es la mejor manera de lograrlo. Cuando los niños son pequeños quieren ser iguales en todo a sus padres, y "captan" multitud de cosas. Son más las cosas que se "captan" que las que se aprenden. Mis hijos me imitan, porque yo soy un modelo para ellos.

Gran parte de lo que los niños piensan y de lo que creen proviene de nosotros, los padres. Por lo tanto, si yo muestro respeto por toda la gente, es mayor la probabilidad de que mis hijos hagan lo mismo. Y si no lo hago así, tampoco ellos lo harán. Conforme crecen, los niños se van formando sus propias opiniones. Quizás

comiencen a cuestionar mucho de lo que hago y digo, y de aquello en lo que creo y en lo que no creo. Pero si he sido para ellos un buen modelo, de seguro aceptarán y apreciarán otras características.

Enseño a mis hijos que hay grandes diferencias entre las personas.

Les enseño a mis hijos que todos somos diferentes. Ni siquiera nos parecemos unos a otros. Tampoco tenemos todos el mismo color ni podemos aprender las mismas cosas. Algunas personas aprenden cualquier cosa con rapidez. Otras tardan mucho más. Unos son fuertes, otros no lo son tanto. Algunos juegan bien fútbol, otros escriben o leen con facilidad. No podemos esperar que todas las personas sean iguales entre sí. Tampoco

nos comportamos igual unos y otros. Carlitos quizá sea pendenciero porque no tiene amigos con quien distraerse. O Raquel es tímida porque viste diferente a sus amigas. Jaime pelea con los amigos porque él constantemente presencia peleas en su propia casa. Yo deseo que mis hijos comprendan a los demás. Deben comprender que son muchas las razones por las que las personas se comportan como lo hacen. Así, mis hijos aprenden a desarrollar tolerancia hacia los demás.

Fomento los buenos sentimientos hacia los menos afortunados.

Con nuestros ojos podemos ver todo lo que nos rodea. Pero mis hijos conocen a alguien que no ve. Tenemos piernas para correr, pero un amigo de mis hijos necesita

Los padres hablan. . .

muletas para caminar. Otro vecino perdió una mano en un accidente y ¡es increíble las cosas que puede hacer con una sola mano!

Trato de que mis hijos valoren a aquellos que ponen su mejor esfuerzo; a quienes, a su modo, hacen todo lo mejor que pueden.

Utilizo los noticieros de cada día.

Animo a mis hijos a escuchar los noticieros de la televisión. Luego, conversamos acerca de las personas que aparecen en las noticias. También les invito a que expresen su opinión acerca de los acontecimientos diarios.

Hablamos de aquellos que llevan a cabo un servicio por los demás y sobre aquellas cosas que son desagradables o tristes. Los noticieros y los periódicos son útiles para que mis hijos tengan oportunidad de observar y evaluar el comportamiento de los demás. Ésto les ayuda a desarrollar sentimientos humanitarios.

Hablo a mis hijos acerca de quienes trabajan para nosotros.

Mis hijos necesitan estar enterados de qué es el trabajo y de los tipos de trabajo que hacen las personas. Deseo que respeten toda clase de trabajos y a aquellos que los realizan. Deben conocer y respetar a quienes producen nuestros alimentos, realizan servicios públicos, se encargan de la seguridad, se ocupan de nuestra salud, o se encargan de la enseñanza.

Deben saber en qué forma todos trabajamos juntos para formar una nación y un mundo. Deben conocer diferentes culturas y ambientes y cómo éstos influyen en las personas. Deben saber también que entre los seres humanos son muchas más las similitudes que las diferencias.

Ayudo a mis hijos a mostrar respeto por otros niños.

Mis hijos, como todos los niños, necesitan desarrollarse en un ambiente de muchos amigos. Me gusta que formen parte de un grupo, pero sin que éste, cualquiera que fuere, llegue a controlarlos. También me doy cuenta de que mis hijos quizá sientan el impulso de seguir a la mayoría, y de hacer, incluso, cosas que yo no apruebo. Sin embargo, confío en poder ayudarles a que tengan el valor necesario para defender las ideas en las que creen. Ésta es una tarea de gran importancia para todos nosotros.

El respeto de sí mismo

Mi mamá dice que yo soy muy importante para ella y me ayuda a creer en mí. Además, me quiere mucho, aunque a veces no le guste lo que hago.

Soy muy fuerte cuando juego a las luchitas con mis amigos.

En la escuela, tengo buenas calificaciones, pero para ello tengo que trabajar duro. Mis papás saben que algunas materias me cuestan más que otras y, sin embargo, no hacen que me sienta avergonzado por ello.

Yo sé que no puedo hacer todo a la perfección.

Hay cosas para las que no tengo aptitudes, y me da gusto ver que algunos de mis amigos sí tienen facilidad para ellas.

Soy muy bueno para armar objetos y puedo hacer bonitos aviones y barcos. ¡Mi papá dice que los armo mejor que él! Son muchas las cosas para las que tengo facilidad. Por ejemplo, con los números soy muy bueno.

Y tengo muchos amigos. Me gusta que los demás me aprecien. Pero, sobre todo, mi mamá dice que debo apreciarme ¡a mí mismo!

Miguel

¿Cómo puedo ayudar a que mi hijo tenga respeto de sí mismo?

Los padres hablan. . .

Elogio a mis hijos cuando hacen algo bien.

Rosita presta gran atención a los elogios. Además, a su edad sabe cuándo los recibe merecidamente y cuándo son fingidos. Yo, por mi parte, sé que si me excedo en elogios, éstos perderán su efecto. Le digo: "¡Buen trabajo!", cuando trabaja en la limpieza de la casa, o "¡Eres de gran ayuda!", cuando trata de ayudarme. Esto sirve para que ella esté consciente de lo que siento cuando se esfuerza por ayudar. Los comentarios en tono de elogio, que oye de mí ayudan a Rosita a tener una buena opinión de sí misma.

Trato de propiciar el éxito.

Sé que Juanito conocerá situaciones de fracaso. Pero, por otra parte, tiene que disfrutar de muchos éxitos. Así se evitará que los fracasos no le afecten demasiado. Cuando se encuentra con algo para lo que no tiene grandes aptitudes hago evidente ante él que tampoco yo puedo llevar a cabo toda clase de actividades a la perfección. "Es natural que no te sea fácil la lectura. Pero eres muy bueno en aritmética", le digo. Además, el éxito no siempre tiene que lograrse en la escuela. Puedo procurarle logros importantes en la casa. Esos logros son importantes para que crezca con respeto de sí mismo.

Cuido lo que digo.

En ocasiones pierdo la paciencia. Mi primer impulso es decirle a mi hijo: "¿Pero es que no eres capaz de aprender nada?", o bien, "¡Te he repetido eso docenas de veces!"; incluso he tenido deseos de decirle: "Sabía que no puedo contar contigo ni siquiera para una sola cosa." Pero si le dijera eso a Betito destruiría la buena opinión que él mismo tiene de sí. En seguida se preguntaría: "¿Acaso no sirvo para nada?", o a decirse: "No sé hacer nada bien." Todo lo que reste autoestima, todo lo que deteriore su confianza, debe a toda costa evitarse.

Muestro interés por el trabajo de mi hijo.

Cuando Elena me muestra su trabajo dejo lo que estaba haciendo y le presto atención. Quiero fomentar su autoestima haciendo que se sienta orgullosa de sus logros. Es obvio que, si ella está lo suficientemente orgullosa como para mostrarme lo que ha hecho, yo debo dejar lo que estoy haciendo para prestar atención a su trabajo y decirle:

Los padres hablan. . .

"Eso está muy bien", o "Es muy interesante. Me da gusto que hayas venido a mostrarme tu trabajo". Comentarios sinceros como éstos aumentan la autoestima de Elena.

No espero que mis hijos sean perfectos en todo.

Mis hijos saben que yo no soy perfecto. Por eso, no debo exigirles a ellos que lo sean. Les dejo cierto margen para cometer errores. Quiero que Graciela se comporte, pero no por ello voy a forzarla a que actúe como ¡una pequeña persona mayor! También quiero que sus calificaciones de la escuela sean buenas, pero no le exijo que saque 10 en cada examen. Si queremos que nuestros hijos se sientan seguros de sí mismos debemos permitirles que, de vez en cuando, cometan errores.

Todos los niños necesitan poder decirse a sí mismos: "Yo valgo mucho", "Soy importante", "Puedo lograrlo". Sólo entonces podrán crecer para conseguir logros, porque ¡estarán convencidos de que pueden conseguirlos!

No hago comparaciones entre mis hijos y otros niños.

Hay ocasiones en que siento deseos de comparar a Ricardo con Adrianita. Pero sé que Ricardo es un individuo, y por lo tanto, un ser único. No hay nadie más que sea igual a él. Lo que debo pedir de él es que sea lo mejor que pueda. Quiero que él se compare consigo mismo. Debo sentirme satisfecho, cuando compruebo que se esfuerza por hacer algo lo mejor posible.

Asigno a mis hijos tareas que puedan cumplir.

Alfredo ha llevado a cabo casi todo lo que se ha propuesto. Le hemos enseñado a emprender pequeñas tareas que se ajusten a su capacidad y pueda realizarlas. Por eso, ahora comienza a mostrar autoconfianza y seguridad en sí mismo. Está convencido de que puede lograr lo que quiere.

Dejo que mis hijos exterioricen sus sentimientos.

Luis sabe que en ocasiones me enojo con él. Por eso, cuando él está enojado conmigo, dejo que también me lo diga. Si tiene diferencias conmigo, deseo conocer en qué consisten. Y respeto el hecho de que difiera de mis opiniones. Luis tendrá respeto de sí mismo si yo le reconozco el derecho a expresar sus sentimientos.

El valor

En ocasiones, he sentido miedo. Tengo miedo a las arañas, a las serpientes, a los rateros y ¡a un montón de cosas más! Mis papás me dicen que eso es algo natural.

Y me dicen que a veces ellos también sienten temor.

Pero también me enseñan que no debo sentir miedo de algunas cosas. Por ejemplo, no debo atemorizarme ante mis amigos cuando defiendo un punto de vista que a mí me parece correcto. Mis papás no quieren que obligue a los demás a aceptar mis puntos de vista y tampoco quieren que yo permita que otros me obliguen a estar de su mismo lado.

Mi papá me dice que hace falta valor para reconocer que uno ha cometido un error o ha hecho algo indebido. Es necesario también tener valor para decir la verdad, cuando es probable que me impongan un castigo.

Mi papá piensa que cuanto más valor demuestre tener, más fácil resulta todo.

Quiero crecer para ser una persona valiente.

Marta

¿Cómo puedo ayudar a que mi hijo sea valeroso?

Los padres hablan. . .

Le digo a mi hija que sentir temor es algo normal.

Le pido a Anita que no se avergüence de sus temores. Debe saber que sentir temor es algo natural en las personas. Le digo también que en ocasiones yo también siento temor. Cuando era niña, yo tenía miedo de muchas cosas. Cuando Anita me platica de sus temores la escucho con atención y trato de sentirme solidaria con ella. "No escondas tus temores", le digo a Anita. "Cuéntamelos."

No transmito mis temores a mis hijos.

Cuando era niña, mis padres tenían miedo de las tormentas y, cuando yo escuchaba el ruido de un trueno o de un relámpago, quedaba aterrorizada. Me volví miedosa a causa del sentir de mis padres. Y sigo siéndolo, aunque trato de no exteriorizarlo. Si afuera hace mal tiempo y mis hijos se ven inquietos, hablo de esto con ellos.

Les digo a mis hijos que es preciso tener valor para enfrentarse al fracaso.

A mis hijos les exijo sólo hasta donde yo sé que pueden llegar. Sin embargo, a veces no cumplen con el propósito, de modo que les digo que me siento decepcionado. Pienso que tendrán más valor si saben que todos juntos logramos algún éxito. Por otra parte, es cierto que también sufrimos fracasos. Así sucede en la vida diaria. ¡Deben aprender a hacer frente a los fracasos! Conocer el fracaso los volverá más fuertes, en caso de que lleguen a conocerlo.

Debo dar a mi hijo oportunidades justas.

Quiero que mi hijo crezca teniendo valor. Pero reconozco que debe dársele una oportunidad.

Emilio tiene 10 años de edad y su peso es un poco inferior al de otros niños de su edad. Por eso, no voy a pretender que juegue un partido con muchachitos más fuertes que él, ni tampoco permitir que juegue a las luchas con un jovencito más alto y más fuerte que él.

El valor le llegará acompañado del éxito. Emilio solía tener miedo al agua, pero ¡mucho más temía que sus amigos se burlaran de él por no saber nadar! Le recomendé que se aguantara el miedo e intentara nadar. Una vez que aprendió dejó para siempre de sentir miedo.

Los padres hablan. . .

Trato de preparar a mi hija para lo nuevo.

Los niños sobrellevarán mejor sus temores si están preparados para los nuevos acontecimientos. Muchas veces los temores son producto de la imaginación. Sin embargo, yo los tomo muy en serio.

Conforme Susanita crece, siente temor de llegar a sentirse avergonzada de algo, y me doy cuenta de que cuando conversamos sobre esto, siente menos temor.

Discutimos acerca de hechos reales.

Mis hijos platican acerca de lo que la gente hace. Suelen enterarse de hechos muy variados que acontecen en nuestra colonia, en la escuela o en los noticieros a diario. Se enteran, por ejemplo, de que un niño salvó a su hermana de morir ahogada en el agua, o de un anciano que se introdujo en una casa incendiada para salvar a un niño de corta edad. Y platicamos acerca del gran valor que tuvieron esas personas.

Sin embargo, el valor es también necesario para llevar a cabo pequeñas cosas cada día. Muchas veces, resulta difícil pedir disculpas a alguien, o reconocer un error propio, o decir: "Mamá; ¡rompí tu platón nuevo!"

Mi hijo necesita leer para formarse una opinión.

Reconozco que, conforme mis hijos vayan explorando el mundo que les rodea, nuevos temores les asaltarán. Deseo que sean fuertes y enfrenten los acontecimientos con entereza. Aunque yo no voy a servirles de gran ayuda en esto, puedo conversar y discutir con ellos. Además escucho con atención mientras ellos me comentan sus cosas. Así se van desarrollando sentimientos nuevos.

Ellos comenzarán a formarse su propia opinión de las cosas, además de que tomarán sus propias decisiones a medida que crezcan. Estoy convencida de que a los niños se les educa por medio de la confianza y se les guía haciendo uso de la determinación.

El espíritu deportivo

En ocasiones mi papá me dice: "Me da gusto que seas buen deportista."

Esto me lo dice cuando me he desempeñado verdaderamente bien.

No me gusta perder, pero también sé que no puedo ganar todo el tiempo.

No puedo ser siempre el primero en todo. Hay veces en que ganamos.

Y otras en que perdemos.

Mi papá piensa que no sería buen deportista si me pasara el tiempo encontrando excusas acerca de mi proceder.

"Juega con honestidad",

me recomienda. "Y si pierdes, enfrenta tu derrota ¡como un hombre!"

Siempre trato de recordar lo que mi papá me dice, porque ¡para mí es muy importante!

Felipe

¿Cómo ayudar a que mi hijo tenga espíritu deportivo?

Los padres hablan. . .

Yo sé. . .

Yo sé que a los niños y niñas de 8 y 9 años de edad no les gusta jugar juntos. Se dicen frases agresivas y ¡pelean entre sí! A los niños de esa edad no les gusta estar con las niñas ni conviven en armonía con ellas. Las niñas suelen, en general, lograr éxitos antes que los niños. De modo que lo único que puedo esperar es que peleen o surjan problemas entre unas y otros.

Sin embargo, más tarde ya no sucederá así, pues van pasando por distintas etapas. A la edad de 10 y 11 años comenzarán a aceptarse y a congeniar mejor. Las niñas tienen tendencia a aceptar antes a los niños que éstos a ellas.

Vemos juntos los partidos en televisión.

A menudo conversamos acerca de lo que significa ganar y perder. Y discutimos acerca de cómo debe ser un juego limpio. El árbitro quizá no siempre tenga razón. Pero aceptamos sus decisiones.

Aquellos que se esfuerzan al máximo cuentan con la admiración de los demás. Aquellos que se esfuerzan, pero sin llegar a lograr la victoria, se ganan el respeto de los demás.

Jugar limpio es más importante que ganar.

Les enseñamos a nuestros hijos que jugar limpio es más importante que ganar el juego. La persona que tiene buen espíritu deportivo tiene la admiración de todos. A nuestros hijos les pedimos que se entreguen con entusiasmo a ese espíritu deportivo. Pero cuando pierden un partido, no significa que todo se viene abajo. Habrá otro partido y otra ocasión.

¡No hay que refunfuñar!

Trato de enseñar a mis hijos a aceptar la derrota sin protestar. David está en una edad en que las excusas son un recurso fácil. Si su equipo pierde, es probable que diga que alguien cometió faltas o que los jugadores del otro equipo no jugaron limpio. Yo trato de explicarle que es preciso saber perder. En ocasiones, a la vez que le explico esto, le pregunto: "¿Sabes tú perder?" Eso hace que deje de protestar y recapacite con calma.

Yo enseño cooperación a mis hijos.

Cuando mis hijos juegan un partido, surgen muchas oportunidades de enseñarles qué es la cooperación. El trabajo en equipo es

Los padres hablan. . .

importante en el juego, porque muestra lo que se logra con la cooperación. Conversamos acerca de cómo debemos aprender a trabajar con los demás y les ofrecemos ayuda sin reservas. Les ayudamos realmente. Compartimos materiales e ideas. Todo esto hace que los niños crezcan y maduren como individuos. Aprenden a asumir su parte de la carga. Los niños aprenden mucho cuando escuchan lo que les enseñan las personas mayores.

Evito las falsas acusaciones.

Durante los años de la segunda mitad de la infancia suele ser frecuente inventar acusaciones falsas contra otros niños. Jamás presto mis oídos a ese tipo de comentarios en caso de que mis hijos los dirijan contra uno de sus

amigos. Prefiero decirles: "Mira; si Carlitos, como dices, no juega limpio, elige otro compañero con quien jugar." Así, si yo no me inmiscuyo, no tardarán en resolver sus propios problemas. En cambio, si me detengo para corregir el proceder de otro niño, estaré fomentando el chisme.

He descubierto algo que funciona de manera excelente. Les cuento la historia de "Doña Gertrudis y sus polvos mágicos", que esparcía sus polvos misteriosos sobre la lengua de quienes inventaban acusaciones contra otros. Cada vez que un niño inventaba un chisme, brotaba de su boca un enorme globo con una larga cola. El globo volaba hasta el techo y se quedaba ahí clavado. Ahora que ellos conocen esa historia, me limito a decir, cuando uno

de mis hijos comienza a inventar faltas cometidas por algún amigo: "¡Estoy viendo un globo enorme!"

Conforme los niños crecen, esa tendencia a la invención disminuye de manera natural. La mayoría de los niños entre los 9 y los 11 años de edad ya no incurren en ello, porque tienen miedo a perder el favor de su grupo.

La confiabilidad

¡Mira lo que tengo! ¡Cinco pesos! Me los dio Doña Carmelita. Como ha estado haciendo frío, la he ayudado a sacar su basura de la casa.

Yo le dije que no tenía que pagarme nada. Pero me dijo: "Debes tomar esto como un obsequio, no como un pago."

Y luego me dijo que estaba muy contenta de tener una vecina tan confiable y cumplida como yo. Yo me siento orgullosa de hacer bien un trabajo que alguien más aprecia. Me da gusto oír los halagos de Doña Carmelita.

También mi mamá me dice continuamente que soy confiable y cumplida, porque siempre llevo a cabo lo que me propongo.

También soy cuidadosa con mi dinero; y casi nunca olvido aquello a lo que me comprometo.

Mi mamá sabe que no tiene que preocuparse de tener que salir a conseguir las cosas para la cena, porque yo me encargo de ello.

También le ayudo a mi abuelita a cuidar a mi hermanito bebé cuando mi mamá está en el trabajo.

Me gusta oír los comentarios que hace mi mamá acerca de mi ayuda.

Natalia

¿Cómo puedo ayudar a que mi hijo aprenda a ser confiable?

Los padres hablan. . .

Enseño qué es la confiabilidad poniendo el ejemplo.

Soy capaz de hablarles sin parar a mis hijos hasta quedarme afónica. Pero no me servirá de mucho a menos que también yo demuestre ser una persona confiable.

Cumplo con mis deudas; cumplo con mi trabajo; cumplo con mis obligaciones y compromisos. Mi jefe sabe que en mi trabajo no pierdo mi tiempo y a diario me gano mi sueldo cabalmente.

Trato de ayudar a los demás siempre que puedo. Los abuelos de mis hijos saben que pueden contar con mi ayuda siempre que sea necesario. Mis amigos saben que disponen de una ayuda conmigo, como también lo sabe, por supuesto, mi familia; escucho con interés cuando

alguien en mi casa tiene problemas que platicarme y actúo de inmediato si advierto que necesitan orientación o control.

Mis hijos oyen y ven cómo me comporto en mi vida diaria. Observan lo que hago y, puesto que el comportamiento es algo que se aprende, mis hijos aprenden de mí.

Evito sobreproteger a mis hijos.

¡No trato a mi hija de 10 años como si fuera una niña chiquita! y no trato de ahorrarle ni trabajo ni fracasos, porque debe aprender dos lecciones: tener y no tener. Si no logra aprender ambas cosas nunca llegará a ser una persona confiable y cumplida.

En ocasiones escucho a mis amigas decir: "Mi hijo de

once años ni siquiera sabe acomodar su ropa." O bien "Yo no puedo confiarle a mi hijo ni un solo peso", o "En las mañanas, tengo que preparar la ropa limpia de mi hijo de 11 años, para que se vista para la escuela."

Si los niños crecen comportándose como personas confiables y cumplidas, ello significa que comienzan bien desde temprano.

Ellos deben aprender a conocer cuáles son sus propias necesidades y a depender de sí mismos.

Animo a mi hijo a seguir con algo ¡hasta el final!

Permanezco siempre cerca de mis hijos para recordarles que, cuando comienzan algo, deben llevarlo hasta el final.

6Suele suceder que sienten deseos de abandonar su empeño poco antes de

Los padres hablan. . .

empezar, porque necesitan la seguridad de saber que no pueden retroceder. Si se rindieran, nunca llegarían a conocer la enorme satisfacción que da el deber cumplido.

Cuando a un niño no se le ha enseñado desde muy temprano el significado de la confiabilidad, es probable que, cuando llegue a la edad adulta, a menudo sufra fracasos, y que llegue a resentir el hecho de saber que no es merecedor de la confianza de los demás.

"Sé que puedo confiar en ti."

Los niños necesitan sentir la confianza que depositan los mayores en ellos. Yo sé que debo ayudar a Jorge a fomentar la actitud de: "puedes confiar en mí". Estoy convencida de que en verdad quiere ser una persona confiable y cumplida. Todos

los niños comparten ese mismo sentimiento.

Sin embargo, Jorge no será cumplido a menos que le dé la oportunidad de demostrar que lo es, porque, sobre todo, es necesaria la experiencia. Necesita también el sentimiento de saberse útil e importante.

Solamente por medio de la confianza el niño aprende a ser una persona cumplida.

Evito la actitud de: "¡Tienes que hacer mejor las cosas!"

Hay ocasiones en que me siento sumamente enojada. Dejé que Isabelita se apoyara en la cama para cortar la tela de un vestido que estaba cosiendo para su muñeca.

Por supuesto, cortó también la colcha de la cama. Apenas me contuve de gritarle: "¡Tienes que hacer

mejor las cosas!" Yo sabía que, por medio de la paciencia, conseguiría evitar que Isabelita cometiera el mismo error otra vez. Después de todo, lo que ella quería es hacer el trabajo por sí sola. Si comete un error, debo prestarle mi ayuda.

Mis niños aprenden a tomar decisiones.

Permito que mis hijos tomen decisiones por sí mismos. En ocasiones, es necesario que yo les ayude a tomar decisiones sensatas.

Anita sabe que una mala decisión puede crear muchos problemas; por lo tanto, discutimos en común todas las posibilidades.

Después, toma la decisión final y la lleva hasta las últimas consecuencias. Esto le ayuda a convertirse en una persona capaz, confiable y madura.

No se sienta culpable

No es raro que los padres tengan sentimientos de culpa. Pero son seres humanos también. Hoy en día las cosas no son nada fáciles, pues son muchas las presiones que todos resentimos a diario.

Por supuesto que usted desea lo mejor para sus hijos, y, de vez en cuando, le asalta la inquietud o ciertas dudas acerca de su desempeño como padre o como madre. Sin duda, sentiría usted un gran malestar si alguno de sus hijos se viera envuelto en apuros o en dificultades. Pero esto es algo que sucede en un gran número de familias.

Sentirse culpable no le hace ningún bien, de modo que, créame, piense de manera positiva. No permita que sus emociones lo dominen. Dígase a sí mismo:

"Voy a hacer las cosas lo mejor que pueda.

Haré lo que yo piense que es correcto.

Por lo tanto, no voy a sentirme culpable.

Preocuparme en exceso disminuye mi eficacia.

Sólo hará que sufra como madre (o como padre).

Lo único que puedo hacer es lo que yo considero lo mejor.

Es posible que mis hijos no acepten mis opiniones. Sin embargo, gran parte de mi manera de pensar y muchos de mis valores que les he inculcado perdurarán en ellos.

Les servirán para tomar mejores decisiones. Nada ni nadie puede quitárselos."

Sus hijos no comprenderán esto de manera cabal por ahora, pero, cuando sean padres, sin duda lo entenderán.

Sabrán apreciar y valorar en usted las ideas y valores que sostuvo y defendió con firmeza ante ellos –tanto lo que usted defendió como lo que combatió; tanto los valores explicados como los únicamente entendidos.

Poco a poco crecerán y se formarán con la capacidad de tomar decisiones.

Usted ha permitido que ellos elijan libremente la alternativa a seguir en determinadas situaciones.

También les ha ayudado a razonar hasta decidirse por una entre varias opciones, y ellos han actuado en consecuencia. Si ellos están satisfechos con sus decisiones irán enriqueciendo cada vez más su capacidad para vivir de manera plena y como personas íntegras.

Usted habrá desempeñado un papel esencial ayudando a sus hijos a convertirse en personas de bien, felices y positivas, y amorosas para con sus familias.

Sus hijos decidirán

Al final, sus hijos son quienes decidirán. Ellos serán los responsables de la elección de sus ideas y valores. Sus creencias y su forma de pensar, al igual que aquello en lo que se van a convertir será decisión de ellos. Y usted puede ayudarles, pero no puede pretender que sean tal y como usted quisiera.

Hay niños que responden favorablemente a la actitud de los padres.

Otros, en cambio, en el mismo hogar, con los mismos padres, sufrirán conflictos internos. Muchas personas se siguen preguntando por qué y no existe respuesta a este interrogante.

Aun cuando los niños reciban en el hogar una formación idéntica, existirán todavía diferencias que influirán en ellos. Puede ser el medio en el que se desenvuelven, los distintos maestros y escuelas, los amigos. Ningún niño piensa o percibe las cosas de manera exactamente igual a otro niño.

¡Hasta el orden en el que nacen los hermanos constituye una diferencia que influye en el carácter y en la forma de ser! Hay primogénitos en una familia de muchos hermanos y hay hijos únicos en otras. Muchos primogénitos reciben un trato diferente al resto de sus hermanos. Uno de éstos será el de "en medio". Otro, el menor de todos, y ¡hasta quizá sea un niño consentido o malcriado! El de "en medio", por su parte, puede sentirse desatendido, incluso abandonado. El mayor puede mostrar tendencias autoritarias.

Hay familias en las que sólo hay una niña entre varios niños; otras en las que sólo hay un niño, entre varias niñas. Todas éstas son diferencias que influyen en la forma de ser del niño.

Usted sólo puede hacer por sus hijos aquello que piensa que es lo mejor para ellos. A medida que crezcan, quizá manifiesten un comportamiento que a usted no le agrade. Quizás elijan una forma de vida que usted no acepte. Sus amigos, incluso, pueden no ser del agrado de usted.

Pero si usted les ha ayudado a tener fortaleza interna, ellos contarán con las armas necesarias para elegir con sabiduría y tomar decisiones responsables.

Si sus hijos aprenden a ser tolerantes, cuando crezcan se habrán convertido en personas amables y corteses. Si tienen fe en sí mismos, serán personas fuertes en su interior. Si usted tiene respeto por ellos, ellos a su vez respetarán a los demás. Si les demuestra consideración y aprecio, serán personas con autoestima. Si les imprime valor y ánimo, se esforzarán continuamente por ser mejores. Si confía en ellos, crecerán merecedores de esa confianza.

Algo en que pensar

Ayude a su hijo a autoevaluarse

Pídale a su hijo que haga una lista de los números del 1 al 10 en una hoja de papel aparte. Al lado de cada número debe escribir su respuesta: Siempre, a veces o nunca.

Procedimiento

Plantéele la pregunta. Permita que se tome el tiempo suficiente para pensar. Anímele a dar su respuesta "sincera". Considere esta evaluación de su hijo como una herramienta para educarlo. La evaluación, llevada a cabo en compañía de su hijo, constituye un proceso de aprendizaje. Le enseña al niño a razonar y a internalizar sus valores, al tiempo que su carácter se va formando.

A medida que surja la necesidad, usted puede centrarse en un determinado valor en el que desee hacer hincapié o en algún comportamiento que desee cambiar en el niño.

La autoevaluación de su hijo dará mejores resultados si no se excede en el tiempo que dedique a ella. Es importante que ésta no canse a su hijo. Quizá convenga evaluar un solo renglón cada día.

Responsabilidad

1. ¿Hago mis trabajos de la casa sin que tengan que recordármelo?
2. ¿Hago mis trabajos con buena disposición de ánimo?
3. ¿Cumplo con mi parte de obligaciones en la casa?
4. ¿Ordeno y coloco en su lugar los juegos o materiales que haya usado, cuando he terminado?
5. ¿Cuido de no perder mis cosas personales, libros, dinero, ropa?
6. ¿Soy puntual?
7. ¿Acudo a la mesa cuando me llaman para comer?
8. ¿Hago las tareas de la escuela sin que tengan que decírmelo?
9. ¿Cuido mi higiene personal sin que tengan que recordármelo: lavarme las manos, cepillarme los dientes?
10. ¿Escucho y sigo con buena disposición de ánimo las indicaciones de mis padres?

Amabilidad

1. ¿Ayudo a niños más pequeños que yo?
2. ¿Rechazo reírme de los errores de otros?
3. ¿Utilizo, cuando son necesarias, las expresiones de "gracias", o "por favor"?
4. ¿Soy amable con los compañeros nuevos que llegan a mi escuela o a mi calle?
5. ¿Me contengo de llamar a mis amigos con palabras irónicas o despectivas?
6. ¿Trato a los demás tal y como quiero que me traten a mí?
7. ¿Comparto las cosas con mis amigos?
8. ¿Ofrezco ayuda a la gente que la necesita?
9. ¿Soy amable con las personas de edad avanzada?
10. ¿Soy amable con mi mascota o con la mascota de algún amigo?

Valor

1. ¿Tengo el valor de admitir que estoy equivocado?
2. ¿Intento cosas nuevas sin sentir temor por ello?
3. Aunque me gusta ser aceptado por otros niños de mi edad, ¿tengo el valor de ser diferente?
4. ¿Tengo el valor de decirles a mis padres que siento temor por algo?
5. ¿Tengo el valor de decir la verdad cuando sé que seré castigado?
6. ¿Tengo el valor de defender lo que creo que es justo?
7. ¿Comprendo que algunas veces tendré exito y que otras, en cambio, puedo fracasar?
8. ¿Tengo el valor de intentar algo, aun sabiendo que no es fácil?
9. ¿Tengo el valor de no permitir que los demás me obliguen a algo?
10. ¿Tengo la suficiente confianza en mí como para darme ánimo a mí mismo?

Respeto por uno mismo

1. ¿Me doy cuenta de que no puedo hacer todas las cosas igualmente bien?
2. ¿Puedo hacer algunas cosas correctamente?
3. ¿Me elogian mis padres por muchas de las cosas que hago?
4. ¿Estoy consciente de que puedo servir de ayuda en mi casa?
5. ¿Tengo buenos amigos?
6. ¿Se me permite que ayude a planear algo?
7. ¿Se me permite que tome yo mismo algunas decisiones?
8. ¿Tengo más éxitos que fracasos?
9. ¿Me doy cuenta de que no es malo ser diferente, y de que algunas diferencias entre las personas son buenas?
10. ¿Me aman mis padres y confían en mí?

Confiabilidad

1. ¿Cumplo las promesas que hago?
2. ¿Termino los trabajos que he comenzado?
3. ¿Pueden los demás confiar en mí para recordar algo que se deba hacer?
4. ¿Cuido de las cosas que pido prestadas?
5. ¿Regreso a su dueño aquello que pido prestado?
6. ¿Repongo algo que haya extraviado?
7. ¿Hago mi trabajo lo mejor que puedo?
8. ¿Trato de tomar buenas decisiones?
9. ¿Puedo prescindir de cosas que me gustaría tener?
10. ¿Se me puede confiar dinero?

Honestidad

1. ¿Contesto con la verdad a lo que me preguntan?
2. ¿Digo la verdad incluso cuando ésta lastima?
3. ¿Hago mi trabajo en la escuela yo solo y sin ayuda?
4. ¿Admito mis errores?
5. ¿Trato de dar con el propietario en caso de que me encuentre algún objeto extraviado?
6. ¿Intento trabar amistad con niños que son honestos?
7. ¿Regresaría a mi mamá el dinero que me encontrara en la casa?
8. ¿Pediría permiso antes de buscar algo en la bolsa de mi mamá?
9. ¿Soy sincero con mis padres al expresar mis sentimientos?
10. ¿Narro los sucesos "aumentándolos"?

Respeto hacia los demás

1. ¿Reconozco que todas las personas tienen derechos y dignidad como seres humanos que son?
2. ¿Respeto las opiniones de los demás, incluso cuando no estoy de acuerdo con ellas?
3. ¿Respeto las ideas y creencias de mis padres?
4. ¿Reconozco que todas las personas son diferentes unas de otras, pero que cada una tiene una contribución que hacer?
5. ¿Reparto mis cosas con alguien que sea menos afortunado que yo?
6. ¿Siento aprecio por mis amigos y por mi familia?
7. ¿Practico la "Regla de oro" que dice: "No quieras para los otros lo que no quieras para ti"?
8. ¿Soy una persona sociable?
9. ¿Comprendo que algunas personas se comportan de cierto modo porque algo les falta en la vida?
10. ¿Muestro mi respeto por quienes trabajan para que vivamos mejor?

Buen espíritu deportivo

1. ¿Soy un buen ganador?
2. ¿Soy un buen perdedor?
3. ¿Respeto a mi contrario?
4. ¿Acepto sin discutir la decisión del árbitro?
5. ¿Soy un buen compañero de equipo?
6. ¿Practico el autocontrol?
7. ¿Me atengo a las reglas del juego?
8. ¿Pongo mi mejor esfuerzo en el juego?
9. ¿Acepto la derrota sin refunfuñar?
10. ¿Cuando lo tienen, reconozco en los demás su espíritu deportivo?

CAPÍTULO 2

ARMONÍA EN CASA

Los años medios de la infancia, es decir, la etapa comprendida entre los 8 y los 12 años de edad, representan una etapa especial, algo comparable, si se me permite, a un auténtico y flamante partido de fútbol. El niño comienza a desarrollar en serio su identidad propia. Las personas fuera de la familia adquieren importancia para él.

Durante la primera parte de esta época, el niño depende de usted de manera considerable. Antes de que llegue a la adolescencia habrá aprendido a valerse por sí mismo y a adquirir identidad como parte de su grupo.

Compartir con usted lo que el niño siente no es ahora para el pequeño algo tan espontáneo y frecuente como solía serlo antes. Cuando el niño era más pequeño estaba más dispuesto a descubrir su interior. Sin embargo, el pequeño piensa y siente, y a veces quisiera expresar sus opiniones y su sentir. Quisiera decir, por ejemplo: "Mamá (o papá), ¿podrías dejar de regañarme? ¿Podrías callarte de una vez?", o bien, "Papá, creo que voy a gritar con todas mis fuerzas; ¿tengo que volver a escuchar esto otra vez?" Pero, casi siempre, el niño siente temor de decir lo que realmente piensa, o es demasiado recatado para expresarlo. Sin embargo, así es como piensa en realidad. El estilo con que el niño quiere ahora vestirse o peinarse, o el lenguaje "especial" que utiliza sin duda a usted le preocupan. Pero la aprobación de sus compañeros y amigos de grupo y de la escuela es indispensable para él. ¿Cuál es el proceder sano o correcto en este caso? Los regaños y reproches continuos perjudican más que benefician, la mayor parte de las veces. En aras de su propia tranquilidad, hay mejores soluciones. Veamos a continuación algunas de ellas.

Francamente..., todo comienza con usted

¡Armonía! ¡Felicidad en la casa! Nadie dice que sea algo fácil, pero es sumamente deseable para usted y para sus hijos que vivan con el menor número posible de tensiones.

¿Y cómo lograrlo? Bien, la fórmula consiste en grandes dosis de voluntad y determinación absolutas.

Pero... existen ciertas técnicas a las que usted puede recurrir y que le facilitarán su labor volviéndola también más eficaz. Todo comienza con usted y con lo que usted haga. Usted es quien marca la pauta en la casa.

Usted es el modelo a seguir; es el responsable de sus hijos y es también quien ¡tiene la última palabra!

Sin embargo, usted es sólo un ser humano, y es importante que comprenda que su comportamiento no puede ser el mejor posible en todo momento. Como tampoco puede serlo el de sus hijos. Habrá días en que quizá se pregunte por qué se le habrá ocurrido levantarse de la cama. Y es que no serán pocas las veces en que los niños ¡le sacarán a usted de quicio! ¡Harán que se suba por las paredes! Nada de esto es anormal, en absoluto. Es algo que sucede con frecuencia en cualquier hogar.

¡Recuerde que existe el lado agradable! Los niños pueden procurarle momentos gratísimos en su vida que, de otro modo, quizá sería insípida o llena de monotonía. Un sentido de satisfacción y regocijo le invade cuando los ve crecer y cuando es testigo día a día de sus progresos.

¡Es tan reconfortante escuchar sus alegres voces, percibir la luz de sus ojos, sentir el contacto de sus brazos que nos rodean, cuando la gratitud o el cariño los empuja a ello!

Un padre feliz tiene, por lo general, hijos felices, y un padre amoroso tiene hijos amorosos. Simplemente esto hace que todos los problemas y momentos amargos por los que tenemos que pasar a veces por nuestros hijos merezcan la pena.

Impóngase con su familia metas realistas. No espere la perfección de parte de nadie. Sea transigente con los errores y las faltas. Usted también los comete; los niños los cometen; todos caemos en ellos, alguna vez. Sus hijos necesitan escuchar de usted lo siguiente: "Los errores no cuentan; lo que verdaderamente cuenta es repararlos y corregirlos." Aplíquese usted esta misma norma también.

ALGO EN QUE PENSAR:
Determine las diversas cosas que usted espera tener en cuenta a medida que guía a su hijo en la vida diaria.

El juego de las normas en la casa

Todos nosotros debemos regirnos por ciertas normas. Nos detenemos ante la luz roja del tráfico. Obedecemos las reglas de nuestra ciudad, en nuestro trabajo. No hay ninguna razón, entonces, por la que los padres no deban tener ciertas normas por las que regirse en la casa. Éstas contribuirán a que reine la armonía en el seno de la familia.

Durante los años medios de la infancia, o años de la preadolescencia, los niños son lo suficientemente mayorcitos como para sentarse a conversar un rato con usted. Reúna a toda la familia y decida, junto con todos, cuáles serán las normas por las que quieren regirse para convivir en familia. Puede comenzar con algo como lo siguiente: "Vamos a decidir juntos qué clase de hogar es el que queremos. Cada uno de ustedes me dará su opinión al respecto. ¿Cómo quieren ustedes que convivamos? ¿Cómo podemos ser felices? ¿Cómo piensan ustedes que debe ser nuestro hogar?"

Permita que sus hijos digan lo que piensan. Le sorprenderán los resultados. A menudo, cuando los niños tienen libertad de decisión, las normas que imponen son más estrictas que las que uno mismo hubiera propuesto. Pero usted deberá guiarlos para que esas normas sean razonables y justas.

Redacte las normas por escrito. O bien, pídale al mayorcito de sus hijos que lo haga por usted. Luego, colóquelas de modo que queden a la vista en la cocina o en algún otro lugar y que todos las puedan leer.

Ahora veamos qué debe hacerse cuando su hijo desobedezca alguna de las normas acordadas. Un recordatorio o una suave advertencia serán suficientes: "Sarita, ¿qué dice la norma número 1? ¿Estuviste de acuerdo en aceptarla? ¿La estás siguiendo como se debe?"

Deje que Sarita decida por sí misma. De este modo no tendrá que recurrir a las reprimendas o a los castigos; no tendrá necesidad de gritar o amenazar.

Pero suponga que deciden imponer alguna norma que no es conveniente y con la que usted no está de acuerdo. Aquí es, precisamente, donde usted entra en escena. Dado que tiene también poder de opinión, simplemente dígales a sus hijos: "No puedo aceptar esto. No es conveniente. Tengo que insistir en que no estoy de acuerdo con esto." Después de todo, se trata de su propia casa; pero también es la casa de ellos. Usted tiene derecho, como padre, a dar o no su aprobación.

¿Qué clase de normas son las que incluiría? Será necesaria una norma determinada cuando surja algo que provoque sentimientos negativos entre usted y su hijo, por ejemplo, o cuando la armonía entre los hermanos amenace con romperse.

Suponga que Guillermo continúa llegando tarde a la hora de la comida. Los demás tienen que esperar. Usted tendrá que decidir entre conservar la comida calentándose en el fuego mientras Guillermo llega, o retirarla de la mesa y guardarla. Es un trastorno; por lo tanto, es el momento de sentar una norma acerca de la hora a la que Guillermo debe llegar a la casa.

La primera vez que desobedezca, ese día perderá el privilegio de jugar. Es un castigo justo y Guillermo respetará que se haga justicia. Cosas como el horario para irse a la cama, para comer, estudiar, ver televisión,

jugar o hacer las tareas deben fijarse de común acuerdo entre todos en la casa.

Una vez a la semana o cada diez días, reúna a todos para tener "una seria charla en familia". Esto hace que sus hijos se sientan importantes. En la charla hable con ellos acerca de si han cumplido o no con las normas. Permita que ellos mismos decidan qué debe hacerse al respecto. Usted puede sugerirles a los niños que marquen con una palomita las normas que no hayan cumplido y no olvide elogiarlos cuando hayan hecho un buen trabajo.

Todo esto exige dedicarle algún tiempo pero, por otro lado, le ahorrará muchas situaciones de enojo y guerra de nervios, y podrá comprobar que mereció la pena el esfuerzo. ¡Inténtelo!

ALGO EN QUE PENSAR:
¿Ha intentado fijar las normas por las que deban regirse usted y sus hijos?

Amenazas huecas

"¡La próxima vez que hagas esto te voy a…!" Pero el niño vuelve a cometer la falta otra vez. Y nada sucede. En este caso, las palabras poco significan. Y sus hijos no deben ser engañados con amenazas.

Por otra parte, no es fácil engañar a un niño cuya edad oscila entre los 8 y los 12 años. Él sabe perfectamente qué significa una amenaza "hueca", es decir, sin sentido. ¡Y nada le preocupa menos! Sabe que este tipo de amenaza no significa nada. El niño sabe también, a esa edad, hasta dónde puede llegar. Elenita dice: "¡De todas formas, yo me

voy a casa de Carmen!" Pero su hermana le advierte: "No te atrevas. Mamá (o papá) te castigará". "Bah, sólo habla", dice Elenita.

Es lo mismo que decir: "Perro que ladra no muerde". Las amenazas no son eficaces. De hecho, sus consecuencias negativas se resienten. Incluso un adulto las resiente. A los adultos tampoco les gusta la persona que suele lanzar amenazas para todo. El papá de Antonio le dice a su hijo: "¡Si vuelves a llegar tarde otra vez, te azotaré con el cinturón!" Después de escuchar algo así, Antonio no puede permitirse el lujo de responder ni una sola palabra. Pero cuando salga a la puerta de la casa o se encuentre un poco apartado de donde esté su papá, es probable que piense algo parecido a lo siguiente: "Te odio. Me iré de casa y te arrepentirás."

Y sentimientos de odio y rencor permanecerán en el pecho de Antonio, y se irán acumulando más y más sentimientos similares que, además, pueden constituir un serio problema años más tarde.

De modo que esté preparado y ¡actúe! Pero, primero recapacite por un momento y pregúntese a sí mismo:

¿Es razonable mi amenaza?

¿No he sido demasiado duro?

¿Fui justo?

¿Seré capaz de manejar el problema?

Piense también en algunas de las cosas que hemos mencionado un poco más arriba. Vea si usted ha:

- permitido que sus hijos ayuden a elaborar las normas de la casa;
- reconsiderado la situación conversando con su hijo cada vez que no haya obedecido alguna de las normas;
- dicho "no" y lo ha dicho en serio;
- empleado palabras que fomentaran un buen comportamiento;
- estado determinado a actuar sin titubeos cuando ha sido preciso.

¿Soy como el perro que ladra y no muerde?

Si usted ha llevado a cabo todas estas recomendaciones, las amenazas no serán necesarias. Pero si llegara usted a amenazar a su hijo en algún momento, procure que la amenaza sea justa y razonable y esté preparado para cumplirla.

ALGO EN QUE PENSAR:

Califíquese usted mismo: Utilice J para justo, I para injusto, y N si no está seguro acerca de las siguientes frases que se le suelen decir a un niño:

- "Si no te portas bien, tendrás que quedarte en tu cuarto."
- "Si no dejas de llorar, te quedarás sin ver televisión durante una semana."
- "Si dejas caer las galletas por el suelo, tendrás que limpiar el piso después."
- "Si vuelves a interrumpirme, se lo diré a tu papá para que te castigue."

Demasiados "No" limitan al niño

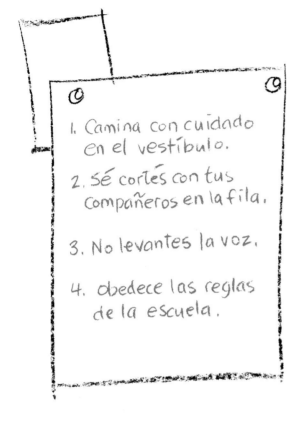

1. Camina con cuidado en el vestíbulo.

2. Sé cortés con tus compañeros en la fila.

3. No levantes la voz.

4. Obedece las reglas de la escuela.

"No hagas esto... No hagas aquello... No debes... No... No...", repetimos uno y otro día; las prohibiciones no cesan.

Tantas prohibiciones por sistema le sirven de poco al niño entre los 8 y los 12 años de edad, y no ayudan a que deje de portarse mal, sino que, incluso, pueden llegar a ser la causa de su mal comportamiento.

Los buenos maestros, en la escuela, son de la misma opinión. Por ejemplo, es frecuente encontrar reglas como las siguientes en el pasillo o el vestíbulo de una escuela:

"Prohibido correr en el vestíbulo."

"Prohibido empujarse en la fila."

"Prohibido hablar en clase."

"Prohibido salir sin permiso."

Un buen maestro sabe que es mucho más eficaz proponer las mismas ideas, pero en términos más agradables y positivos.

Por ejemplo:

"Camina con cuidado en el vestíbulo."

"Sé cortés con tus compañeros en la fila."

"No levantes la voz."

"Obedece las reglas de la escuela."

Frases como éstas provocan en los niños mejores sentimientos. Incluso usted, que también es, ¡no lo dude un momento!, un maestro, encontrará que estas frases, planteadas así, ejercen en su ánimo un efecto positivo.

Intente plantear las prohibiciones que sean necesarias de una manera más amable. Las palabras con las que debe hacerlo deben ser breves, sencillas y directas. En esos casos, no son necesarias las explicaciones, y si tiene niños más mayorcitos, sabrán valorar las recomendaciones directas y breves.

He aquí algunos ejemplos:

Mal: No te sientes a la mesa con las manos sucias. ¡Sabes muy bien qué debes hacer!

Bien: La norma es que a la mesa nos sentemos con las manos limpias. (Puede hacer una seña hacia el cuarto de baño.)

Mal: ¡No vayas a irte a la cama sin cepillarte los dientes!

Bien: Recuerda. Dientes limpios antes de irse a la cama.

Mal: ¡No vayas a ensuciar hoy esa ropa!

Bien: Ten cuidado con tu ropa. Es tu última camisa limpia hasta que lave la ropa.

Mal: ¡Que no entre ese perro en la casa!

Bien: El perro se quedará afuera.

Mal: ¡No vayas a entrar con los pies llenos de lodo!

Bien: Si tus zapatos están limpios, puedes pasar.

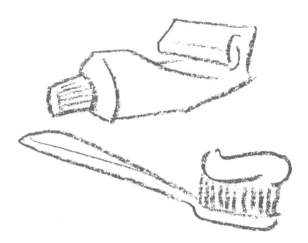

Sólo es necesario un poco de práctica. Si practica lo suficiente, pronto será para usted una cosa natural y estará utilizando este método sin pensar en ello. Y, lo que es más importante, podrá manejar a sus hijos ¡sin sudores!

ALGO EN QUE PENSAR:

¿Cómo decir las frases siguientes sin el uso de un "no"? (Recuerde, una de las frases significa lo óptimo; otra significa lo aceptable.)

1. ¡No salgas con esas fachas!
   A. Tú sabes que eres descuidado.
   B. Créeme; ¡te ves horrible!
   C. Te ves excelente cuando sales bien vestido.
2. ¡No vayas a prender la televisión mientras haces tu tarea!
   A. Es hora de estudiar. Verás televisión después.
   B. Hemos hablado muchas veces acerca de cuándo puedes ver televisión.
   C. ¡No vas a hacer lo que te plazca!
3. ¡No juegues con la pelota tan cerca de la casa!
   A. No juegues aquí. Podrías romper un vidrio.
   B. Te dije que jugaras lejos de la casa.
   C. ¡Nunca piensas y creo que nunca lo harás!

Señales

"¿Quién dijo que podías hacer ESO?"
"¡Mete bien la camisa dentro del pantalón!"
"¡Deja de mascar chicle!" "¡Camina erguido!"
"¡Termina de una vez tu tarea!" "¡No toques
mis cosas!" "¡Apaga la televisión!"

Órdenes, órdenes y más órdenes. Todo
el día órdenes que golpean sus oídos.

¿Por qué no intentar el uso de señales?
Los niños de esta edad las aceptarán de buen
grado, y pueden convertirse en un hábito en
su casa.

¿Quién no conoce la señal universal para
expresar silencio? Todo padre o maestro la
utiliza a diario. Además de que evita que
levantemos la voz, ¡es también un alivio para

los oídos del niño! He aquí cómo usarla.
Llame al niño por su nombre. A continuación
ponga su dedo índice sobre sus labios
cerrados. Su hijo sabrá que la señal significa
"No grites tanto" o "Cállate". (El ¡shhh! ¡shhh!
a veces resulta desagradable escucharlo.)

Cuando su hijo esté entre otros niños,
utilice este tipo de señales. Un niño en
los años medios de la infancia se siente
avergonzado cuando recibe regaños o
censuras delante de sus amigos de grupo.

Las señales, que no son tan obvias,
serán más eficaces.

Supongamos que tiene usted un niño
en la casa con problemas especiales de

comportamiento. Usted trata de corregirlo. Le amenaza. Le impone castigos… Todo inútil. ¿Por qué no probar, entonces, una señal secreta? Ésta funciona como sigue. Usted le dice a su hijo:

"Yo estoy teniendo problemas.

Tú tienes problemas también.

Estás cansado de escuchar que te digan las cosas tantas veces. ¿Qué te parece si usamos una señal secreta?" (Dé al niño tiempo para que exprese su parecer.)

Cada vez que yo advierta que estás interrumpiendo (o cualquier otro problema que surja), te enviaré esta señal especial.

Luego, usted y su niño deciden cómo será la señal que utilicen. Podría consistir en levantar dos dedos. Su hijo, sin duda le propondrá algunas.

Asegúrese de decirle que esta señal va a ser un secreto entre ustedes dos, y que nadie más en la familia va a saber de ello. ¡El niño lo considerará como algo especial! Un niño mayorcito siente atracción por los secretos. Encontrará divertido compartir un secreto con usted.

Ésta es una forma de lenguaje corporal, o de hablar con el cuerpo. Intente alguna de las siguientes sugerencias. ¡Verá cómo funcionan!

Llame a su hijo por su nombre. Luego haga su señal. Su señal consistirá en lo siguiente:

1. Mantenerse muy erguidos… (para casos de postura deficiente).

2. Girar la muñeca con el gesto de mover un botón… (para apagar la televisión).

3. Mover las palmas de la mano hacia arriba y hacia abajo… (para que se calme dentro de la casa).

4. Usar el pulgar y el índice como pretendiendo escribir… (para hacer la tarea).

5. Levantar el pulgar… (para corregir cierto comportamiento especial y "secreto").

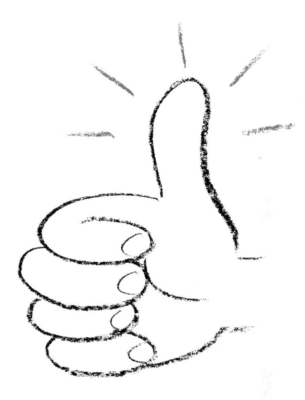

6. Abrir y cerrar la mano rápidamente, con los dedos extendidos… (para cuando el niño hable mucho).

7. Sacudir la cabeza… (para decir "no").

Piense en algunas señales que quiera usar para felicitar o elogiar a su hijo, por ejemplo, levantar el pulgar mientras los demás dedos permanecen cerrados, para indicar que algo está muy bien, o decir "bien" acompañado de una sonrisa y un movimiento de mano.

ALGO EN QUE PENSAR:
¿Qué señales ha intentado usted?
1   2   3   4   5   6   7

Recordatorios

Casi a diario todos nosotros dependemos de recordatorios. Siempre necesitamos algún procedimiento que nos ayude a dirigir nuestro propio comportamiento. El detector de humos, por ejemplo, nos avisa dónde está el incendio. La luz amarilla nos avisa que las luces del tráfico están a punto de cambiar. La sirena nos avisa que un vehículo de emergencia está al pasar.

Los niños que se hallan en la etapa media de la infancia no son, obviamente, adultos. Pero deben obedecer reglas razonables. Y, de vez en cuando, necesitarán un recordatorio de sus obligaciones.

El papá o la mamá dicen: "Lupita, ven a lavarte las manos y a comer." Pero Lupita está muy ocupada recortando fotografías o dibujando algo muy importante para ella. Así, es probable que proteste por unos momentos. "Oh, no quiero ir; ahora no."

El papá o la mamá se enojan, y luego sigue una discusión de "tira y afloja", y ¡no tarda en crearse un problema! Si el papá o la mamá hubieran dicho: "Lupita, vamos a comer a las 2 de la tarde, es decir, dentro de quince minutos", es probable que no se hubiera suscitado problema alguno.

Los recordatorios –y no las amenazas–

ayudan a los niños a desarrollar la disciplina necesaria para una vida más segura. Claro, que es preciso cuidar, sin miramientos, que un niño no ponga en riesgo su vida o una parte de su cuerpo, por ejemplo, y en casos así no será bastante un simple recordatorio. Pero, por cosas mucho menos importantes, los recordatorios, suelen ser suficientes. "Esteban, retírate del cuchillo cuando lo uses para tallar la madera. Podrías cortarte."

Otros recordatorios, asientan los límites del comportamiento. Por ejemplo, el papá le dice a su hijo: "Puedes ir al centro con Bernardo, siempre que hayas limpiado antes las hojas de todo el patio." O bien, "Ester, podrás quedarte a dormir en la casa de tu abuelita, si antes has terminado tu tarea de la escuela." O bien, "Roberto, si gastas todo tu dinero no podrás comprarte el juego que tanto te gusta."

Los recordatorios son a veces necesarios para los niños que se encuentran en la etapa media de la infancia. Ya no son niños pequeños, pero siguen siendo niños, a pesar de todo. Los recordatorios les dicen cuándo deben detenerse, cuándo deben comenzar, o cómo deben proceder. Usted guía a sus hijos por medio de ellos. Y los niños aprenden a fortalecer su propia autodisciplina.

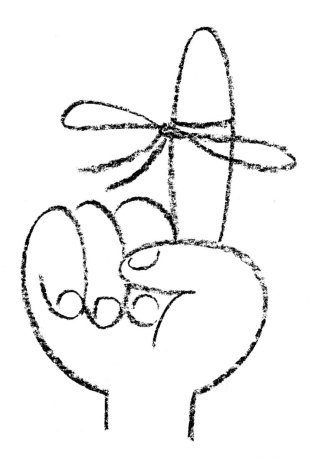

Porporcione a sus hijos la seguridad de saber qué deben esperar. Permita que piensen por sí mismos. Pero cuando usted piense que pueden surgir problemas, haga sonar la campana de alarma: "¡ding-dong!"

ALGO EN QUE PENSAR:
Determine si es adecuado un recordatorio.
- Es casi la hora de irse a la cama y su hijo está a punto de comenzar un nuevo trabajo para la escuela.
- Su hija no ha hecho su tarea y ahora es el momento en que pasan su programa favorito en televisión.
- Su hijo quiere ir a casa de un amigo pero no ha hecho el trabajo que usted le había asignado.
- Se acerca la hora de la cena, pero su hijo sigue afuera jugando.
(Si contestó "Sí" a todas las frases, ¡está en lo correcto!)

Niños activos

Sin duda usted conocerá el antiguo dicho: "La pereza es la madre de todos los vicios". Si usted lo tiene presente, evitará algunos problemas con sus hijos y gozará de una vida más placentera.

Todos los padres tienen el problema de que los niños que conviven juntos en una casa se pelean. A los más pequeños les gusta estar siempre al lado de sus hermanos más mayorcitos y éstos no suelen estar conformes con ello, de modo que hostigan a los pequeños y les hacen llorar o les provocan un berrinche. Los padres se encuentran frente a un problema continuo.

Cuando el mayor de los niños está aburrido, es probable que sea él quién inicia el problema. ¿Cómo encontrar una solución?

Los niños en la etapa media de la infancia tienen muchas inquietudes e intereses; una forma de canalizar esas inquietudes e intereses puede ser la siguiente: guarde y conserve el mayor número de objetos posible que usted pueda utilizar, con la ayuda de su imaginación, para entretener su atención, y que, en un momento dado, usted sacará de inmediato a la vista de los niños.

Por otra parte, y si lo prefiere, a la mayoría de los niños les gustan los juegos de mesa, y algunos de ellos no resultan muy costosos. La lotería, el bingo, el gato, los rompecabezas, el parchís, las damas, el dominó e, incluso, el ajedrez, son todos del agrado de los niños. Como también lo son algunos juegos sencillos de cartas.

Anime a su hijo a ahorrar dinero del que recibe los domingos para comprarse un juego, y regálele juegos en los cumpleaños u otras fiestas especiales.

Estimule las actividades creativas, como el dibujo, armar objetos, pintar.

Algunos juegos no cuestan dinero. Conserve en la casa una caja en la que guarde objetos inútiles. Guarde en ella cosas que, de otra manera, tiraría, como botones, carretes, trozos de madera, pedazos de tela. Anime a sus hijos a construir un "collage" (el collage es un cuadro elaborado mediante el procedimiento de pegar objetos planos sobre un pedazo de cartón o de cartulina.). Puede representar la figura de un objeto reconocible, o bien puede ser simplemente una combinación armoniosa y divertida de colores e ideas.

Por otra parte, a los niños de esta edad les encanta coleccionar objetos. Puede animar a su hijo a coleccionar timbres, tarjetas postales, piedras, hojas, conchas.

Son muchas las cosas que los niños pueden hacer en compañía de sus papás o de sus abuelitos. Ir a pescar o arreglar el jardín son actividades muy divertidas e incluso emocionantes. También pueden aprender a cocinar un plato especial –¡pero ellos tienen que encargarse de la limpieza después!

Y, sobre todo, no olvide animar a sus hijos a que lean y lean libros sin cesar.

La actividad física es indispensable para el pequeño. Un columpio improvisado con una llanta vieja de automóvil es una gran solución. Y, por supuesto, toda clase de juegos de pelota les entusiasman a los niños: fútbol, baloncesto, "quemados", béisbol, vóleibol. Un palo y un aro en el patio trasero son una magnífica motivación para el pequeño.

Recuerde: Para evitar problemas de peleas entre los niños, manténgalos ocupados. Un niño activo es un niño feliz. Un niño inactivo, en cambio, terminará haciendo travesuras y creando discordia.

ALGO EN QUE PENSAR:
- Determine cuáles de los juegos mencionados en esta página le gustaría que su hijo practique.
- ¿Qué objetos le ayudaría a coleccionar a su hijo?

| conchas | piedras | timbres usados |
| corcholatas | monedas | hojas prensadas |

Autocontrol

La meta última para que reine la armonía en la casa es el autocontrol.

Ciertos comportamientos se aprenden mediante la repetición y los adultos son los responsables de esa enseñanza. Si usted ha enseñado a sus hijos aquello que, en su opinión, es lo correcto y lo incorrecto, habrá establecido ciertas normas de valores en los que usted cree. Y, no lo dude, estos valores perdurarán en su hijo toda su vida.

Los niños más mayorcitos entienden más fácilmente cuáles son las razones de que se impongan normas y reglas para convivir en la casa. En ocasiones, una pregunta hecha con suavidad, como "¿Posees autocontrol?", es todo lo necesario para problemas de poca importancia.

Cuando el niño tenga la capacidad de internalizar, es decir, de hacer suya esta pregunta, de reflexionar sobre ella y de contestar con sinceridad, se hallará en la recta final que lo conducirá a ser un miembro de la familia maduro y responsable.

Los padres que ayudan a sus hijos a entender el porqué de las cosas les ayudan también a crecer siendo personas responsables. Los años medios de la infancia constituyen una edad en la que toda cuestión se puede razonar y explicar.

Cuanto más comprendan los niños que ustedes, padres, poseen determinadas expectativas respecto a ellos, mejor estarán en capacidad de saber qué deben hacer y qué no deben hacer.

"¿Posees autocontrol?" se convierte en una pregunta importante. Los maestros la utilizan cuando tratan con grupos grandes de niños. La pregunta: "Juan, ¿estás haciendo uso de tu autocontrol?", pone a Juan a recapacitar y percatarse de su comportamiento. En general, esto suele ser lo único necesario. El autocontrol significa una gran cantidad de cosas –y toda clase de cosas. Control de la voz, control de las manos, control de los pies. ¡No existe el mal comportamiento cuando este autocontrol se ha logrado!

Así, pues, autocontrol es una "palabra mágica" que abre muchas puertas. Se trata de una expresión positiva y que, por lo tanto, no desarrolla sentimientos negativos, sino que ayuda a su hijo a detenerse por un momento y reconsiderar su modo de proceder, a la vez que evaluarlo.

De su uso sólo puede desprenderse algo bueno. Tampoco es necesario insistir, sin embargo, en que el uso excesivo y fuera de contexto de este término puede degenerar en una pérdida de su eficacia.

Hay otro tipo de preguntas que ejercen los mismos efectos: "¿Crees que tu comportamiento es aceptable?" "¿Estás

ayudando?" "¿Crees que debemos reunirnos para hablar sobre ello, o puedes manejar tú solo la situación?" "¿Tienes algún problema?"

Todas estas preguntas son recordatorios saludables de que algo no marcha del todo bien. Además, hacen que el niño recapacite.

ALGO EN QUE PENSAR:

Haga una lista de las preguntas que usted espera plantear a sus hijos cuando necesiten ayuda en caso de mal comportamiento. Busque la frase que explica el significado de la palabra autocontrol.

Es mejor decir "Yo"

Con el fin de facilitar que haya armonía en la familia algunos especialistas hoy día recomiendan que los padres utilicen con mayor frecuencia el pronombre "yo" que el de "tú" cuando se trate de resolver un problema en la relación y comunicación continua con sus hijos. Usted puede hacer la prueba, pues no hay nada que perder en ello.

En favor de este nuevo punto de vista, los especialistas exponen muy buenas razones. En primer lugar, si usted se expresa en primera persona libera al niño de la culpa creando en él un sentimiento diferente frente al problema. Los expertos aseguran que no es recomendable bombardear continuamente al niño con expresiones tales como "eres...", "hiciste...", "no hiciste...", "no hagas...", "no puedes..." "no debes...", etcétera, etcétera.

En cambio, si el énfasis se dirige hacia uno mismo, es decir, hacia el papá o la mamá que enfrenta el problema con el niño, el ánimo del pequeño será diferente, más saludable y entero, y los resultados que se pretenden serán más eficaces.

Autoeducarse para expresarse en términos de primera persona ("yo"), en lugar de centrar todo el énfasis en la segunda persona ("tú"), constituye un verdadero arte que exige muchísima práctica. Veamos los ejemplos siguientes:

Mamá: "¡Siento una gran preocupación!"

Andrés: "¡Discúlpame, no quise hacerlo!"

Mamá: "¡Estoy muy disgustada!"

Andrés: "¡No pensé que se rompería!"

Mamá: "En este momento me siento muy disgustada. No quiero hablar de ello."

Andrés: "Pero, mamá; te lo pagaré."

Mamá: "Sigo muy disgustada y necesito que pase un poco de tiempo para que pueda controlarme."

En este caso, la mamá de Andrés simplemente le ha dicho cómo se siente ella. Y no ha dicho una sola palabra acerca de Andrés ni tampoco ha mencionado qué es lo que Andrés ha hecho. Pero el niño ha comprendido enseguida.

Si usted se centra en sus propios sentimientos cuando debe hacer frente a un mal comportamiento, en lugar de culpar a su hijo, encontrará que los resultados son mejores y que la comunicación es más fácil. Por otro lado, evitará batallas producto de los regaños y los gritos. Sus resultados finales serán más eficaces.

Al proceder así, es importante hablarle al niño en tono suave y tranquilo.

Los gritos y un tono exagerado de voz transmiten inquietud y malestar, a la vez que vuelven más tenso el ambiente entre usted y su hijo.

ALGO EN QUE PENSAR:
Encuentre 5 ó 6 razones por las que es recomendable el uso de la primera persona en lugar del uso del "tú" al manejar un problema con los niños.

Varias maneras de manejar el comportamiento

"¿Qué debe hacer un papá o una mamá cuando el niño insiste en su mal comportamiento?", se preguntará usted. Simplemente, no existe una receta infalible, sino que la posible solución está en función de la forma de ser de cada niño y de cada padre. Sin embargo, varias cosas pueden servirle de guía en esta decisión.

Primero, permita que el niño asuma las consecuencias de su comportamiento.

A Martín su mamá le ha ordenado que no juegue con la pelota cerca de la casa. Pero desobedece y con tan mala suerte que rompe el vidrio de la ventana del vecino. Martín tendrá que pagar el vidrio roto. Es probable que no tenga el dinero para ello, de modo que tendrá que ganárselo con trabajos extra en la casa y ahorrando de lo que reciba de su semana. Ya no podrá gastar el dinero en lo

que él quiera porque debe pagar su deuda recién contraída. Él está consciente de esto.

Anita es desaseada para hacer su tarea. Ustedes, mamá y papá están pendientes de su trabajo. Simplemente díganle: "Éste no es precisamente tu mejor trabajo. Debes hacerlo otra vez." Claro que Anita querrá discutir la cuestión. ¡Ustedes no deben ceder!

Nicolás deja olvidado bajo la lluvia un juguete caro. El juguete se oxida con el agua de la lluvia. Sus papás ya no le repondrán el juguete que quedó inservible.

Todos estos niños tuvieron que asumir las consecuencias de su comportamiento, por lo cual aprendieron su lección.

Segundo, deje que el niño repare lo que ha descompuesto o lo reponga. Puede consistir en limpiar algo que ha derramado o en reparar un objeto roto. Puede tratarse de hacer bien algo que hizo mal, pedir disculpas por haber herido sentimientos, o admitir un error y corregirlo. Los niños en la etapa media de la infancia saben que exigirles estas cosas es algo justo.

Tercero, a los niños se les puede negar ciertos privilegios de que normalmente gozan. No siempre es fácil relacionar esto con la falta en sí. Pero cuando sus hijos necesitan ayuda, negarles algo que ellos tengan en gran aprecio puede ser una táctica muy eficaz: "no ves ninguna película esta semana"; "no podrás jugar durante un tiempo determinado".

Cuarto, para guiar el comportamiento de su hijo, una plática firme con una elección muy definida le será de gran ayuda.

Papá: "Esteban, veo que no llegaste a tiempo para la hora de la cena."

Esteban: "Lo olvidé."

Papá: "No me siento nada a gusto con eso."

Esteban: "Lo sé"

Papá: "Después de esto, puedes elegir: o llegas a tiempo o no podrás volver a la casa de tu amigo. Elige entre lo que quieras hacer."

O bien:

Mamá: "Creo que habíamos quedado en que pondrías en orden todas tus cosas antes de que salieras a jugar."

Carla: "No tuve tiempo."

Mamá: "No he quedado convencida con esa excusa."

Carla: "¿Por qué?"

Mamá: "Estoy enojada porque no hiciste lo que te pedí. A partir de ahora, eliges: Ordenas tus cosas o te quedas sin salir a jugar."

ALGO EN QUE PENSAR:
- Usted es la mamá de una niña de 10 años de edad que está en casa de su amiguita. No ha llegado a la casa a la hora que usted le pidió que llegara. ¿Qué sería lo mejor en este caso?
  - A. Ordenarle que escriba "no debo desobedecer" 100 veces.
  - B. Amenazarla con decírselo a su papá.
  - C. No permitirle que vaya a casa de su amiga durante un tiempo.
- Usted es el papá de un niño de 8 años de edad y se acerca a ver su tarea que está desaseada. El niño no se ha esforzado en absoluto. ¿Qué debe hacer?
  - A. Decirle que el maestro lo va a castigar.
  - B. Prohibirle jugar.
  - C. Hacer que de inmediato vuelva a hacer la tarea.

Cosas que deben recordarse

"David; ¡no vas a poder sentarte durante varios días cuando te atrape!", dice un papá muy enojado.

Su intención no era la de ser tan duro. Pero lo fue. Y el resultado fue de ¡marcas, moretones, lastimaduras! David sintió dolor entonces y sintió dolor después. Éste es un castigo demasiado duro para David y para cualquier otro niño.

Y lo será en todos los casos en que suceda lo mismo. Algunos padres han llegado a golpear en la cara a niños de meses. Cada año son miles los menores que reciben malos tratos. De ellos, más de cincuenta mil mueren.

Cuando sea necesario imponer una buena disciplina, recuerde lo siguiente:

Cálmese.

Los padres en ocasiones se encolerizan. En esos casos, un buen consejo consiste en: "Cálmese, primero".

Usted tendrá la capacidad de pensar con más claridad y de actuar con más sensibilidad. En el caso de niños mayores, dejar pasar un rato es más conveniente. Quizá necesite hablar de ello. Razone un poco.

No necesariamente tendrá que explicar por qué. Su pequeño lo entenderá.

Por supuesto, existen ciertas excepciones. Es posible que tenga que tomar medidas correctivas inmediatas. Si un niño se lastima o está haciendo algo que pone en peligro su integridad física, usted detiene la acción en ese preciso momento... ¡y no cuando sea demasiado tarde!

Pase por alto las cosas sin importancia.

Preste atención a lo que tiene importancia. Si usted se centra en hablar de detalles sin importancia que apenas si cuentan en la vida cotidiana, no hará sino atormentar al pequeño. Por lo menos, su hijo así lo pensará. Usted puede evitar problemas. No tome en cuenta aquellas cosas que no importen demasiado. A menudo se resolverán por sí solas.

Encauce el comportamiento de su hijo.

No hay razón para pensar que la siguiente estrategia no funciona con los niños más mayorcitos. Funciona con los pequeños. Simplemente se trata de que usted sugiera un cambio. Su hijo que tiene 11 años está importunando a su hermana menor, que sólo cuenta con 7 años. Usted comprende que se avecina un problema. O quizá el problema ya se ha suscitado. Por lo tanto, sugiera un cambio. "Elenita, ¿por qué no sales afuera a saltar a la comba un rato?" o "¿por qué no armas tu rompecabezas?" De esta manera, la niña se retira de la escena y el problema termina antes de que sea necesario que usted intervenga de manera más directa.

Evitar los sarcasmos.

"¡Esa idea me parece tonta!" podría apuntar un papá poco prudente. Con los niños en esa etapa de la infancia es fácil incurrir en el uso frecuente de sarcasmos. En ocasiones, hacemos de nuestro hijo la víctima de un chiste, o, en cambio, lo importunamos hasta herirlo en sus sentimientos. Tenemos razones para esto. Y es que los niños más mayorcitos entienden mejor lo que decimos.

Existe un poco más de toma y daca entre padre e hijo.

Pero esto puede ir demasiado lejos. Es preciso tener cuidado para evitar los sarcasmos. Las observaciones, de manera aislada, pueden no ser perjudiciales, pero llevan consigo el mensaje de falta de respeto, y hieren sentimientos.

ALGO EN QUE PENSAR:

¿Qué piensa usted acerca de las siguientes maneras de tratar a un niño de 10 años de edad que no deja de importunar a su hermana de 6 años? Piense en cada uno de los casos. Utilice M para Malo, J para Justo o B para Bueno.

- Darle una buena "sacudida".
- Negarle la bicicleta que le prometió.
- Mandarlo afuera a jugar fútbol.
- Sugerirle que arme su rompecabezas.

¡Nunca es demasiado tarde!

"Desde el principio, no comencé en la forma que debía. Fui tolerante con mis hijos desde pequeños y ahora me es muy difícil lograr imponerles normas y que las cumplan. Estoy pagando las consecuencias de ser un padre tolerante. ¿Qué puedo hacer para remediarlo?"

Muchos padres se encuentran en esta misma situación y se preguntan lo mismo. Y ésta es, por cierto, una buena pregunta. Por supuesto, ya sabemos que es mucho más fácil imponer un orden familiar cuando los hijos son pequeños. Una vez éstos hayan crecido será más difícil que accedan a un cambio. Sin embargo, ello no es imposible. ¡Es algo que se puede lograr!

Quizá usted ha descubierto que no fue lo suficientemente firme con sus hijos. No les puso límites ni fue consistente en sus normas. Sus hijos, por lo tanto, no han aprendido a autocontrolarse.

Así, los niños saben que logran lo que quieren de usted, y utilizan el berrinche o la rabieta, hasta que usted se da por rendido.

Han descubierto también que sus amenazas sólo quedan en frases proferidas en un momento de ira o enojo, pero que, en el fondo, son frases vacías, porque no las cumple. En resumen, sus hijos no le toman en serio.

Piense en usted.

Ahora usted ya sabrá si en su hogar son necesarios ciertos cambios. Usted es ahora capaz de comprender cómo y por qué llegó hasta esta situación incontrolable.

Muchos padres actúan con excesiva benevolencia y tolerancia hacia sus hijos porque temen perder su cariño. Pues bien, usted no tiene por qué comprar el amor y el respeto de sus hijos. Uno y otro se ganan. Se ganan con la forma en que usted maneja a sus hijos.

Necesita cambiar su imagen.

De esta manera, hará ver a sus hijos que ¡usted va en serio! Ahora bien, un cambio de imagen exige un enorme esfuerzo; exige reeducar al niño, y esto siempre es más difícil. ¡Pero no se rinda!

El niño no tardará mucho en cambiar la imagen que se habían formado de usted. Sin embargo, debe permanecer en guardia a cada minuto, y sin dejar escapar detalle.

Prepare un plan.

Usted debe estar en disposición de trabajar con todo su esfuerzo en esto. Al principio, se requiere tiempo y constancia, pero poco a poco comprobará que ello le ahorra el desgaste de sus nervios.

En realidad, sus hijos adquirirán un mayor respeto por usted, y cuando sean mayores se lo agradecerán. Si tiene hijos mayorcitos, quizá haya escuchado de ellos hablar de "su mejor" maestro, y expresarse en términos como los siguientes: "La maestra Julia era la mejor. Era estricta pero justa. Nos hacía reflexionar y aprendimos mucho con ella."

En la casa en la que hay menos problemas los padres disponen de más margen para amar y ser amados, lo cual contribuye a que en el hogar reine más felicidad. ¡Nunca es demasiado tarde! Las páginas que siguen le ofrecen una guía al respecto.

ALGO EN QUE PENSAR:
Estúdiese a sí mismo y a su familia. Relea con atención esta página. ¿Cuáles son las frases que expresan características con las que usted se identifica? Determine las medidas que va a adoptar para corregir algún problema con sus hijos.

El método del shock suave

Si está realmente determinado a que en su casa haya más felicidad y armonía, intente poner en práctica el método del shock suave. Es, en efecto, un shock suave si usted tiene cuidado con la manera de utilizarlo, con lo que usted dice, y con la forma como lo dice.

He aquí cómo funciona este método: Es temprano por la mañana. Su mente y su ánimo están frescos. Tome un espejo de mano y dígales a sus hijos:

Mamá: Mírense a este espejo y díganme a quién ven en él. (Pasa el espejo de mano en mano, algo que los niños encontrarán divertido. Pero usted no debe reír. Pregúntele a cada niño qué es lo que ve en el espejo.)

Mamá: Bien... Ahora quiero que cada uno de ustedes me vea a MÍ. (Debe decir esto con un semblante serio.)

Mamá: ¿Quién soy? (Espere una respuesta.)

Mamá: Así es; correcto. Yo soy su mamá (o papá). Pero no soy la misma mamá de ayer. Soy una mamá DIFERENTE. Están viendo una mamá diferente, con otro yo. (Espere a que estas palabras "calen" en sus mentes.)

Sus hijos pueden o no preguntar qué es lo que usted quiere decir. De cualquier manera, explíqueles.

Mamá: Esto es lo que quiero decir. Voy a ser justa con ustedes, pero voy a vigilar que ustedes sean también justos conmigo. Ya no voy a regañarles ni a sermonearles más. Pero voy a hacer algo más.

A continuación dígales exactamente qué es lo que va a hacer. Dígales también qué espera de ellos. La conversación puede consistir en algo parecido a lo siguiente:

Mamá: He sido tolerante con... Ahora ustedes tienen que...

O bien:

Antes de esto, les he dicho una y mil veces que... En adelante, las cosas las diré una vez, y sólo una vez.

Continúe con los cambios que usted quiere llevar a cabo de inmediato. Comience con unos pocos, primero. No les imponga toda la carga de golpe, porque podría resultar contraproducente. Lo conveniente es empezar por los que le causan mayor problema.

Si usted imprime cierto "dramatismo" al proyecto, le aseguro que éste le resultará eficaz. El espejo le ayudará a hacer el resto. Conforme avance en su exposición, puede repetir de vez en cuando, a modo de recordatorio: "No soy la misma mamá que ayer"; y no olvide añadir: "Soy una mamá diferente (o un papá)."

Ahora el cambio en su casa está en marcha. Trate de utilizar algunas de las sugerencias expuestas en las páginas anteriores. No tiene que llevar a cabo todas ellas, sino sólo las suficientes para que usted se sienta a tono.

Cree una nueva imagen de usted misma. Logre que los niños comprendan que ellos no son dueños de la situación, sino usted.

ALGO EN QUE PENSAR:

Pregúntese: Sí o No:

- Yo he puesto en práctica este método.
- Creo que puedo lograr que funcione en mi caso.
- Creo que necesito intentarlo.

El método de la conferencia

El método de la conferencia es otro que también puede darle buenos resultados. Al tiempo que pone en marcha los cambios en su casa, recurra también a este método.

Sus hijos valorarán el hecho de que usted utilice con ellos un lenguaje de adultos y, además, añadirá dignidad a lo que usted está llevando a cabo.

Este método funciona de la manera siguiente. Llame a sus hijos a que se reúnan con usted. La reunión debe llevarse a cabo en un lugar tranquilo y privado. Usted comienza explicando de manera muy sencilla el problema.

Mamá: "No necesito decírtelo. Tú eres lo suficientemente inteligente como para advertir que la vida en casa no es feliz ni agradable. Yo pienso que ustedes quieren que la vida en nuestra casa sea feliz y agradable. Para ello DEBEN LLEVARSE A CABO CIERTOS CAMBIOS."

Al principio, es posible que sus hijos no crean que habla en serio, y es que usted antes no actuaba así. Ayúdeles a adquirir conciencia de que está hablando muy en serio. Asegúreles que usted está completamente determinada en su empeño.

A continuación, pídales su ayuda. Ello no significa que usted admita ser débil, sino que necesita de su ayuda. Y será para ellos un motivo de satisfacción el saberse necesarios. Es una manera de imprimir una buena atmósfera a la conferencia.

Una vez haya terminado su conferencia, debe estar consciente de que su trabajo apenas empieza. Pero no se desanime. Esté preparada para llevar el seguimiento de cada una de las normas acordadas. Esté decidida a ello. Y si procede así durante varios días sin fallar ni perder el punto, logrará que ellos se convenzan plenamente de que usted va en serio. Creerán en usted y sabrán que ¡no todo estriba en hablar! Usted habrá actuado.

Para esto es preciso una mamá o un papá fuertes y seguros de sí mismos. Y un padre fuerte tendrá un hijo fuerte. Y los hijos fuertes hacen un país fuerte formado por buenos ciudadanos. Usted se sentirá recompensado por sus esfuerzos.

ALGO EN QUE PENSAR:
Escoja la frase que corresponda a lo que usted ha hecho con sus hijos.
- Ha hablado seriamente con ellos.
- Les ha pedido su ayuda.
- Les ayudó a elaborar normas sencillas.
- Les permitió que pusieran por escrito las normas.
- Les recordó cuando no cumplieron con alguna de las normas.
- Los elogió cuando siguieron las normas.

El método del razonamiento

Usted como padre es quien ha reflexionado y tomado las decisiones. Usted ha sido el juez. Sus hijos entre los 8 y los 12 años han aprendido a razonar, pero es posible que no hayan estado en condiciones de poner en práctica su razonamiento.

Ahora necesita encontrar ciertas formas de ayudar a sus hijos a razonar o a analizar un problema de comportamiento.

Suponga que Luis, de 10 años de edad, le pegó a su hermanita, ésta de 5 años. El papá o la mamá detuvieron la pelea una vez. Pero han comenzado de nuevo. He aquí los pasos:

Paso número uno

Mamá: "Ven aquí; tú y yo tenemos que hablar seriamente. Yo tengo un problema y tu hermana tiene también un problema."

Paso número dos

El segundo paso consiste en permitir a Luis que explique qué es lo que, en su opinión, ha provocado el problema.

Mamá: "Tú sabes, Luis, que debe haber una causa por la que se ha creado el problema. ¿Cuál crees tú que sea?"

Luis: "Laura no deja de molestarme. No me deja en paz y no puedo armar mi rompecabezas". (O alguna otra razón parecida.)

Paso número tres

En el tercer paso usted le pide a Luis ayuda para encontrar una solución posible.

Mamá: "Estoy segura de que tú no crees que el pegar a Laura es la manera de resolver el problema. Esto sólo hace que ella llore y tenga un berrinche... (pausa). ¿Qué crees que debemos hacer? Tómate unos minutos y piensa en ello. Regresa en cinco minutos y dame tu opinión. Sé que serás justo con Laura, conmigo y contigo."

El último paso

Este paso consiste en el informe final.

Mamá: "Luis, ¿tienes listas tus propuestas? Me es muy necesario escuchar qué es lo que tú crees que debemos hacer para resolver el problema."

La mamá escucha la propuesta de Luis. Aquélla tendrá tres alternativas: (1) aceptarla y elogiar a Luis por haber encontrado la solución; (2) aceptar parte de ella, aunque introduciendo algunos cambios; (3) no aceptar la sugerencia, explicar a Luis por qué no la acepta y encomendarle que se regrese a pensar en una solución "inteligente".

Así pues, ¿qué beneficios se obtienen con esta forma de manejar un problema de mal comportamiento? En primer lugar, Luis se siente grande. Se le ha pedido su ayuda. Segundo, se le da la oportunidad de reflexionar, de tener una opinión, lo cual es un buen entrenamiento para él. Tercero, se confía en él. La mamá le ha dicho que ella confía en que Luis será justo. Si se le tiene confianza, sin duda procurará hacerse merecedor de ella.

Usted podría pensar: "¡Pero esto toma demasiado tiempo!" Pues bien, lo más que le tomará son unos diez minutos. Pero más

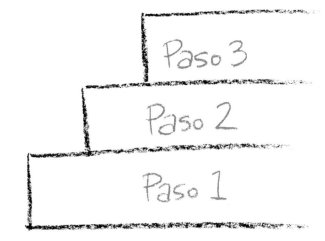

adelante se ahorrará muchas horas, porque usted está ahora desarrollando una habilidad que le servirá para resolver otros problemas.

Si necesita ayuda, intente el uso de este método. La comunicación será mejor con su hijo y la vida en familia será más fácil y agradable, tanto para usted como para sus hijos.

ALGO EN QUE PENSAR:
- Encuentre los tres pasos del "método del razonamiento".
- Busque tres razones por las que este método es eficaz para un niño.

Busque las causas del mal comportamiento

Los niños en la época media de la infancia tienen tendencia a las travesuras y a portarse mal. Unas veces hostigan a otros niños, siempre molestándolos con burlas o entablando peleas. Otros lloran y son proclives al berrinche y la rabieta. Otros más son demasiado tímidos o vergonzosos. Algunos manifiestan nerviosismo y ansiedad. Incluso llegan a mojar la cama.

El comportamiento, sea bueno o malo, se debe a una causa. Cualquier cosa que orille al niño a sentirse incompetente, insignificante o falto de cariño provocará mal comportamiento en él. Su hijo necesita sentir: "Soy importante", "Aprendo muchas cosas", "Me gusta la forma como soy". Así, no tendrá más problemas que los propios del crecimiento. Si usted tiene un niño con problemas busque algunas de las causas. Pregúntese lo siguiente:

¿Tengo un hogar en el que no hay mucho amor? ¿He terminado recientemente con mi matrimonio? (Si es así, no se sienta culpable.)

¿Hay en la casa un bebé u otro niño más pequeño que capte demasiada atención? (Utilice la idea de "nuestro bebé" y trate de prestar una atención especial al niño mayor.)

¿ESTÁ CONVENCIDO mi hijo de que es

malo? (Si es así, las malas serán las acciones del niño.)

¿Hay algún otro niño en la familia con quien yo comparo a mi hijo que tiene problemas? (Los niños son celosos por naturaleza. Si un hermano o hermana es más bonito, o más alto, o más listo, o mejor, el niño se siente amenazado y se portará mal.)

¿Tengo entre mis hijos algún favorito? (Esto es algo muy posible; muchos padres incurren en esto porque algunos niños atraen más fácilmente el cariño de sus padres. Pero si su otro hijo se percata de que su hermano es el favorito, surgirán problemas de comportamiento.)

¿Los abuelos, tías o tíos se comportan diferente con cada uno de mis hijos? (Esto es algo frecuente, lo cual será la causa del problema de comportamiento.)

¿Tiene amigos mi hijo? (¡Cuánta importancia tiene esto!) En esta edad, es MUY importante para su hijo el ser aceptado y sentir que su forma de ser gusta a otros niños de su edad o de su grupo.

¿Soy acaso DEMASIADO ESTRICTO con mi hijo? (Los niños son niños, y no adultos. Si exigimos demasiada perfección, el niño se portará mal, o se volverá muy tímido y se sentirá aislado.)

¿Tiene mi hijo una buena opinión de sí mismo? (La forma como un niño se siente respecto a él mismo y hacia los demás determina, en gran medida, su mal comportamiento.)

¿Soy acaso demasiado tolerante con mi hijo? (Los niños necesitan y quieren que se les imponga disciplina. Si no la tienen, desarrollarán problemas.)

¿Encuentro siempre faltas en lo que mi hijo hace? (La constante búsqueda de faltas cometidas provoca problemas.)

¿Sobreprotejo DEMASIADO a mi hijo?

(Si su hijo depende demasiado de usted, se suscitarán problemas.)

Las anteriores son causas de mal comportamiento que necesitan examinarse. ¿Tiene usted algunas respuestas afirmativas? Si es así, podrá detectar cuál es la razón del mal comportamiento de su hijo. Y si existe una razón, hay soluciones que usted puede poner en práctica para resolver el conflicto.

ALGO EN QUE PENSAR:
Esta página es para su uso personal. Responda sólo por usted. Decida cuáles son las cosas que pueden provocar problemas en alguno de sus hijos. Céntrese en aquellas que considere importantes para usted.

El papá (o la mamá) eficaz

Veamos cuatro tipos de progenitor tal y como se describen a continuación. Si miramos hacia el norte, conoceremos a la señora González, quien controla cada movimiento de sus hijos; les habla a gritos; los amenaza; y, si es necesario, les pega. Sus hijos parecen conejitos asustados; antes de hablar o de moverse, dirigen la vista hacia ella, en busca de su aprobación.

Miremos ahora hacia el sur. Ahí se encuentra el señor Torres, quien nunca toma una decisión sin hablar antes con sus hijos. Éstos suelen actuar sin ninguna clase de limitaciones y, en general, hacen lo que quieren. Más aún, a menudo se sienten incómodos, pues les falta seguridad en sí mismos. Disponen de muy poca ayuda para aprender a distinguir lo bueno o conveniente.

El señor Márquez, al este, es otro papá también diferente a los anteriores. Accede a cualquier cosa que le pidan sus hijos. Si no es a la primera vez, sus hijos conseguirán lo que quieren al segundo o al tercer intento. La paciencia del señor Márquez es superior a su entereza. No sabe negarles nada a sus hijos.

Conozcamos ahora a la señora Campos, al oeste. No les impone exigencias a sus hijos no hace concesiones tampoco, ni lleva a cabo reuniones con ellos para elaborar planes. En tanto sus hijos no la molesten, ella no tiene mayor problema. Su actitud consiste en "hagan lo que les plazca pero no me quiten mi tiempo". Así, sus hijos crecen sin una guía que les señale por dónde seguir.

La señora González, el señor Torres, el señor Márquez y la señora Campos…, ninguno de ellos es el papá o mamá eficaz. Pero observe las líneas trazadas desde cada uno de los puntos cardinales y el punto donde todos los caminos (líneas) se cruzan. Es el justo medio, lugar donde todo padre desea estar.

No es posible encontrarse en el justo medio todo el tiempo. Pero con esfuerzo, el padre puede acercarse lo bastante. El padre que se encuentra en ese punto no es ni muy estricto ni muy indulgente. No da en exceso ni pide tampoco más de lo necesario. Estar en el justo medio: éste es el mejor enfoque de un padre eficaz.

ALGO EN QUE PENSAR:
Nos gustaría ser el tipo de padre que se halla en el centro, donde las líneas se cruzan. Esto es algo difícil de lograr. ¿Cuál de todos estos tipos de padres (de uno de ellos o más de uno) es el que mejor lo describe a usted, al menos en términos generales?
- Señora González
- Señor Torres
- Señor Márquez
- Señora Campos

Usted es el modelo

Benjamín dice palabras altisonantes en el patio de recreo. Cuando se le pregunta por qué dice esas cosas, responde: "¡Mi papá así habla todo el tiempo!"

Cuando los niños son muy pequeños quieren ser en todo iguales a usted, papá o mamá. Luego, en la etapa media de la infancia, sus amigos adquieren gran relevancia para ellos y les gusta ser como aquéllos.

Pero esto no significa que el padre sea menos importante. Sea cual sea el tipo de padre al que usted corresponda, es probable que su hijo se parezca mucho a usted.

Si usted es una persona feliz, es grande la probabilidad de que su hijo también sea un niño feliz. Si usted es malhumorado y regañón, espere lo mismo de su hijo. Y si es cálido y amable, así será su hijo también.

¿Qué clase de modelo desea ser?

¿Cómo quiere que se comporten sus hijos cuando ellos lleguen a ser padres? ¿Como personas amables?, ¿corteses?, ¿sensatas?, ¿consideradas con los demás? ¡Por supuesto que usted quiere que sean así!

Pero si pierde su autocontrol, les dará motivo a sus hijos para hacer lo mismo. Si usted tiene un altercado con su esposo o esposa, y explota sin miramientos justo delante de sus hijos, ellos pensarán que pueden hacer lo mismo. Y el castigo, muy duro: sus hijos aprenderán ese mismo comportamiento. Hablarán en los mismos términos en que usted se expresa y serán "pequeños" dobles de usted.

Es probable que usted ahora esté pensando: "¡Pero uno no puede ser perfecto!" Por supuesto que no. Nadie puede serlo. Todo padre, como ser humano que es, comete errores.

Pero son muchas las cosas que usted puede hacer y que servirán de ejemplo positivo para sus hijos. Cuando cometa un error, admítalo. Sus hijos le guardarán respeto por ello. Usted puede irritarse y salirse de sus cabales por alguna razón. Explique por qué y pídales disculpas a sus hijos por su arranque fuera de control. Sucede que, cuando uno es presa de ira se dicen cosas de las que después se arrepiente.

En una situación así, cuando se sienta culpable, hable con sus hijos y dígales cuánto lamenta haber llegado a ese punto.

Los niños comprenden. Ellos aprenden de usted cómo manejar su vida. Y todo lo que aprenden lo utilizarán después cuando ellos sean padres.

El comportamiento es algo que se aprende. Por ello, su comportamiento en la casa es importante y su ejemplo es la mejor enseñanza que existe.

ALGO EN QUE PENSAR:
Su hijo le imitará a usted. Busque las palabras de esta página que describen la clase de modelo paterno que usted desea ser.

Algo en que pensar

A medida que usted aprenda nuevas técnicas para crear armonía en el hogar, comenzará a percatarse de un sentimiento de satisfacción al advertir el crecimiento y el progreso que van logrando sus hijos.

Lista de revisión para los padres
Determine si su opinión es Sí o No.

- Mis hijos seguirán mejor las normas familiares si contribuyen a elaborarlas.
- La firmeza combinada con la dulzura da óptimos resultados.
- Mis hijos necesitan escuchar la palabra "no".
- Debo ser lo más consistente posible al tratar con mis hijos.
- Un tono de voz agradable y "buenas" palabras producen excelentes resultados.
- Si soy excesivamente duro con mis hijos puedo provocar sentimientos de odio.
- Un buen padre no debe temer a actuar conforme sea necesario.
- Es mejor para un niño que su papá y su mamá difieran en sus opiniones respecto al comportamiento y a los castigos.
- Las palabras positivas son mejores que muchas órdenes.
- Los niños necesitan recordatorios que les orienten en su comportamiento.
- Dar señales a un niño en lugar de sermones es un método eficaz.
- Los niños que siempre están activos son los que tienen más problemas de comportamiento.
- Es prudente pagarle a un niño por su buen comportamiento.
- La suavidad y la delicadeza –el enfoque de la amabilidad– consiguen los mejores resultados, casi siempre.

- La mayoría de los niños llegan hasta donde se les permite, aunque esto no significa que sean de temperamento incontrolable.
- Seré más eficaz si no cedo a los ruegos de mi hijo.
- Si deseo corregir problemas serios de comportamiento, conviene que haga uso de las recompensas.
- Los regaños constantes dan origen a sentimientos negativos que pueden provocar rebeldía y mal comportamiento más tarde.
- El castigo ayuda a mi hijo a aprender aritmética y a que ésta le guste más.
- En ocasiones constituye una buena disciplina privar a mi hijo de algún privilegio.
- Para un niño que se halla en la etapa media de la infancia, la disciplina inmediata es más conveniente.
- Conviene pasar por alto algunas de las "pequeñas" travesuras que hacen los niños.
- Es mejor manejar el comportamiento de un niño sin enojarse con él.
- Podría perder el amor de mi hijo si soy estricto con él.
- Es más fácil lograr que mi hijo tenga buen comportamiento si impongo normas desde que el niño sea pequeño.
- Será demasiado tarde para que pueda cambiar la imagen que mis hijos tienen de mí si espero hasta que mi hijo esté en la mitad de la secundaria.
- Con el fin de corregir el mal comportamiento en los niños, debo estar resuelto y trabajar duro para lograrlo.
- Son muchas las causas del mal comportamiento en los niños.

CAPÍTULO 3

EL AMOR A LA LECTURA

La lectura es la habilidad más difícil de cuantas aprenderá su hijo. Todo niño tiene su propio modo, su método particular, de aprender a leer. Pero una cosa es cierta: no aprenderá a leer a menos que él quiera. Y cuanto más interés muestre usted en que el niño se aficione a la lectura, mayor será la probabilidad de que llegue a ser un buen lector.

Comience desde muy pronto a leerle al niño y a rodearlo de libros. Usted también lee; deje que su hijo o sus hijos le vean leer. ¡Será mucho más factible que resulten excelentes lectores! Hábleles de cómo se enriquecerán mediante la lectura y muéstreles el deleite que ésta representa para el espíritu. Así, sabrán valorar las virtudes de un buen libro y sin duda querrán imitarle a usted.

Por otra parte, no se angustie excesivamente acerca de la capacidad que muestre o no su hijo para la lectura. Todo niño necesita aprender a leer en un lugar cómodo, agradable y tranquilo, en donde no tengan cabida tensiones ni presiones de ninguna clase. Los niños que se esfuerzan más de lo normal, temen disgustar a alguien en especial; así, estos niños pueden desarrollar problemas que dificulten su capacidad de lectura.

A toda persona, la habilidad de la lectura ha de servirle durante toda su vida. Se trata de una herramienta necesaria para desempeñarse con éxito en la escuela y en su vida de adulto. Sin embargo, esta habilidad debe adquirirse y desarrollarse de manera natural. Y debe constituir un placer para el niño. El estímulo de parte de usted es de suma importancia para el niño. Aguarde con paciencia a que su hijo aprenda a leer. Algo que influye mucho en él es la actitud que de antemano haya adquirido hacia la lectura. Usted es quien tiene en su poder la llave mágica para desarrollar una actitud positiva en el niño.

Lectura en familia

Los niños que tienen padres que leen serán, casi siempre, buenos lectores. La lectura en familia favorece que el niño disfrute de este sano pasatiempo. Si todavía no ha comenzado, inicie esta excelente práctica sin pérdida de tiempo. Empiece hoy mismo.

Los buenos libros para toda la familia son incontables. Si necesita información acerca de cuáles son los libros adecuados para leerse en familia, consulte con las personas encargadas de la biblioteca de la escuela de sus hijos. Sin duda, estarán en la mejor disposición de proporcionarle esa información; pídales también que le envíen, por conducto de su hijo, un libro para comenzar la lectura en casa.

Del libro elegido, lea para todos sus hijos un capítulo o dos al día, y en compañía de ellos, deléitese con su contenido. Los más pequeños de la familia aprenderán muchas palabras nuevas y, si el libro es ameno, los mayorcitos se entusiasmarán. Todos los niños aprenderán a gozar del contenido de los libros y de su lectura.

El bibliotecario o bibliotecaria pueden ayudarle con la selección de libros o escoja usted entre los sugeridos a continuación:

Narraciones de aventuras.

20,000 leguas de viaje submarino,
La vuelta al mundo en 80 días,
De la Tierra a la Luna,
Viaje al centro de la Tierra,
La isla misteriosa, todas de Julio Verne;
Robinson Crusoe, de Daniel Defoe;
Tom Sawyer, de Mark Twain;
El libro de la selva, de Rudyard Kipling;
Los viajes de Gulliver, de Jonathan Swift.

Grandes epopeyas de la literatura.

Igualmente recomendables para toda
la familia son las grandes epopeyas de la
literatura clásica mundial, adaptadas para
niños, como:

La Ilíada y *La Odisea,* de Homero;
La Eneida, de Virgilio.

Otros títulos.

Otros títulos que serán del agrado de
grandes y pequeños son:

El lazarillo de Tormes, de autor anónimo;
Platero y yo, de Juan Ramón Jiménez.

La versión de *El Quijote,* para niños,
hará las delicias de sus hijos, al escuchar
las aventuras del "ingenioso hidalgo" en
un lenguaje sencillo y ameno.

Son recomendables también las biografías
o autobiografías de grandes personajes de
la Historia.

Existen títulos especialmente indicados
para varoncitos, como: *Corazón,* de Edmundo
de Amicis, cuyo personaje central es un niño.

Otros son para niñas, como *Mujercitas,*
de Louisa May Alcott.

Por otra parte, son muchos los libros
de autores modernos cuyo valor puede
compararse al de muchos clásicos de
tiempos pasados.

¡Disfrute de los libros junto con su familia!
Haga de la lectura un motivo de esparcimiento
y deleite para el espíritu, para usted y los
suyos. Inténtelo. ¡Les entusiasmará!

ALGO EN QUE PENSAR:
- ¿Por dónde va a comenzar?
- ¿Leen juntos en familia, en su casa?
- Si no es así, ¿tratará de iniciar la costumbre?
- ¿Se comunicará con la biblioteca de la escuela de su hijo?
- ¿Tiene por costumbre visitar las bibliotecas públicas?

Deleite, en lugar de fatiga

En los primeros años de escuela, los niños necesitan leer en voz alta. Más adelante, cuando hayan adquirido soltura al leer los libros de los primeros años de la primaria, es recomendable animarles a que lean en silencio.

"Pero", dirá usted, "de este modo no podré saber hasta qué punto Anita lee bien o no." Es cierto. Pero si Anita capta el significado de las letras impresas que tiene frente a sus ojos, estará leyendo. Y si gusta de la experiencia, pedirá más lectura.

No es necesario conocer el significado de cada palabra de un libro con el fin de comprender su contenido. Tampoco los adultos conocemos siempre el significado de cada palabra de un texto. En ocasiones, nos topamos con términos con los que no estamos familiarizados y ello no nos impide la lectura y comprensión del texto.

Estimule a su hijo, en sus años de primaria, para que lea solo. Aunque no se muestre muy convencido, trate de motivarlo de varias maneras.

Dedique un tiempo a leer de manera somera uno de los libros de lectura de su hijo y luego coméntele al pequeño su contenido con el fin de que él lo lea con mayor gusto y con menor esfuerzo. "Este libro trata de un niño que pasa muchas aventuras. ¡Léelo y verás cómo logra salir de todas ellas!", puede decirle, por ejemplo. Si su niño tiene deseos de leer, se "zambullirá" en el libro con mayor entusiasmo.

Una manera de motivar al pequeño para que lea en silencio podría consistir en lo siguiente:

"Cuando termines el libro, cuéntame qué fue lo más interesante que encontraste en él."

"Dime qué personaje es el que más te gustó y por qué."

"Lee para que descubras lo que pasó; es emocionante."

"Léelo y cuéntame el misterio (o la sorpresa, la aventura, el problema)."

Su hijo llegaría a aborrecer la lectura, sin embargo, si ésta le quitara horas de juego. "Memo, deja de jugar y entra a tu cuarto a leer", dice la señora Pérez.

Y Memo piensa: "Leer me impide jugar y estar con mis amigos. ¡Odio ese libro!" Y esto puede ser más perjudicial que beneficioso. Esfuércese por que el momento de lectura de su hijo sea grato y no una carga.

Algunos padres utilizan la lectura como un instrumento de castigo: "Puesto que no hiciste lo que te mandé, tendrás que leer durante una hora", le dice un papá a su hijo. Así, la lectura se asocia al castigo, y el castigo es algo desagradable.

Para aprender a leer bien, el niño necesita disfrutar y deleitarse con la lectura, lo cual exige un trabajo considerable. Pero usted comprobará que su esfuerzo mereció la pena.

ALGO EN QUE PENSAR:
- Haga una lista de las palabras que indiquen cómo los padres pueden provocar que a su hijo le desagrade la lectura.
- En este capítulo se mencionan formas de motivar al niño a leer en silencio. Haga una lista de ellas. Tal vez se le ocurran otras que funcionen con su hijo.

Ayude a su hijo a que enfrente la verdad

Su hijo puede tener que decir: "No sé leer bien. Me cuesta mucho." Él está consciente. Usted también lo está. El niño es lo suficientemente mayorcito para aceptar el hecho y no hay ninguna necesidad de disimularlo. El papel de usted consiste en reconocer y aceptar el hecho.

Así, puede decirle al pequeño: "Sí, en efecto; te cuesta bastante leer bien. Yo lo entiendo. Nadie puede hacer todas las cosas a la perfección. Para algunas personas, la lectura es algo muy fácil; para otras, es difícil. Hay otras cosas que puedes hacer. Pero esto no significa que *no puedes* aprender a leer. Esfuérzate y yo te ayudaré."

Con estas palabras u otras parecidas usted está acometiendo de frente el problema de su hijo; no trata de endulzarlo ni exime al niño de su responsabilidad frente a él. Su hijo obtiene con esta actitud tanto estímulo como simpatía de parte de usted. Usted espera solamente resultados razonables, no imposibles.

Casi todos los niños que entran en su primer año de primaria quieren aprender a leer. Para ellos representa un paso muy importante. Sin embargo, a medida que adquieren soltura para leer, pueden surgir obstáculos. Aprender a leer se vuelve entonces difícil, y los niños pueden sufrir retrocesos o un estancamiento en su capacidad para leer. En general, este problema suele presentarse con mayor frecuencia en los niños, más que en las niñas.

Más de las dos terceras partes de los niños que tienen problemas de lectura son varones, aunque esto no significa, de ningún modo, que éstos sean menos inteligentes. Simplemente se trata de que los niños, en general, se introducen a ese tipo de habilidades más lentamente que las niñas y, por lo tanto, éstas suelen aventajar a aquéllos en uno o dos años. Esto provoca en los niños sentimientos de inseguridad. Se vuelven inseguros con ellos mismos e inseguros respecto a su facilidad para la lectura.

La señora González animó a Carlitos a que enfrentara la situación con sinceridad. "Te comprendo", le dijo, "pero esto no es excusa para no leer. Tú puedes y debes mejorar." Esta actitud le ayuda a Carlitos a enfrentarse a la realidad. Él está consciente de que no lee muy bien todavía.

Regañar al niño por sus bajas calificaciones u hostigarlo con comentarios amargos o sarcásticos no sirve de nada. En cambio, hacer frente al problema mostrando solidaridad y simpatía por el niño da excelentes resultados.

El niño se siente confortado si usted le ayuda y le expresa su apoyo en su situación. Además, si traza planes con él para encontrar formas de mejorar su habilidad, el niño adquirirá confianza.

Los problemas no desaparecen por sí solos. Por eso, les enseñamos a los niños a hacerles frente. "Si leer es un problema, no encontrarás la solución rehuyéndolo. Vamos a trabajar juntos. Pero tú tienes que poner de tu parte el esfuerzo necesario" es una buena forma de hablarle al niño. Él se sentirá confortado al saber que hay alguien más que se preocupa por su problema.

ALGO EN QUE PENSAR:
¿Cuáles de las frases indican aquello que usted hace? Trato de:
- Esperar sólo lo que sea razonable esperar.
- Ayudar a mi hijo a encarar sus problemas de lectura.
- Recordar que algunos niños tienen más dificultad para aprender a leer que las niñas.
- Animar a mi hijo a que hable acerca de su problema de lectura.
- Enseñar a mi hijo a no rehuir los problemas.

Los sentimientos negativos impiden aprender a leer

Cabe la posibilidad de que su hijo abrigue sentimientos negativos hacia la lectura. En ese caso, y aunque es más difícil desterrar lo negativo que crear una idea o actitud positivas, es factible corregir la predisposición del niño en contra de la lectura.

El niño, cuando entra a la escuela, ya tiene una opinión formada de sí mismo. Ya sabe, desde sus primeros años de primaria, si tiene o no facilidad para la lectura. Si su actitud hacia ésta es negativa, no se trata

de empeorar esa actitud; más bien, se trata de cambiarla.

Una actitud en contra se crea cuando el niño está convencido de que es torpe o incapaz. Este tipo de actitud se aprende y, por otra parte, los regaños y castigos que se le impongan al niño en la casa no mejorarán la situación.

Algunos padres utilizan la lectura como herramienta de amenaza en contra del niño que tiene bajas calificaciones. "¡Tu maestra dijo que si no mejoras en la lectura, no pasarás a cuarto grado!"

Es probable que las intenciones del papá, en este caso, sean muy justificables, pero lo cierto es que de las amenazas no se obtienen buenos frutos.

Los sentimientos negativos se siguen acumulando, y aumentan a medida que el niño se estanca más en su aprendizaje. "¡Te he dicho cien veces cómo se lee esta palabra!", podrá decir un papá exasperado a su hijo. "¿Cómo puedo esperar que leas, si no pones nada de tu parte?", puede decir otro papá. Si el niño no lee con la facilidad que sus padres quieren o esperan de él, desarrollará sentimientos negativos en contra de la práctica de la lectura, y esto debe impedirse a toda costa.

Sucede también que la actitud negativa puede provenir de los amigos o compañeros de clase. Martita no conoce qué significa cierta palabra en el texto, por ejemplo. Trata de adivinarla, sin suerte, ¡y los demás compañeros se ríen de Martita! Ella se siente lastimada, pues pasa momentos difíciles cuando queda mal ante sus compañeros de clase.

Las comparaciones hieren sentimientos. La señora González le dice a Carlitos que Adela, su hermana, no tuvo ningún problema para aprender a leer. Y Carlitos piensa: "Mamá prefiere a Adela y piensa que yo no soy capaz de hacer nada bien", lo cual se añade a los sentimientos de tensión que ya invadían a Carlitos.

El señor Pérez trata de evitar que Sarita padezca los efectos de un estrés excesivo. Al mismo tiempo, sabe que Sarita necesita "un poquito de presión" –la suficiente para que la niña se vea motivada a mejorar su

habilidad para leer sin un esfuerzo excesivo. Las presiones que van más allá de lo que el niño puede soportar normalmente son perjudiciales. Trate de evitar a toda costa los sentimientos negativos por parte del niño.

Y si éstos ya se hallan presentes en él, haga todo lo posible por cambiarlos. Es posible lograrlo.

ALGO EN QUE PENSAR:
Busque ocho o más razones que describan por qué los niños pueden abrigar sentimientos negativos hacia la lectura.

Los problemas emocionales y la lectura

Antes de que el niño aprenda a leer, debe sentirse bien consigo mismo. Debe sentir la seguridad de que es capaz de lograr lo que se proponga, y de que puede aprender. Debe sentir también que es ALGUIEN IMPORTANTE para otros.

Si el niño llega a la escuela con el convencimiento de que: "No hago las cosas bien", "No le caigo bien a la gente", "Tengo miedo", es muy probable que tenga problemas con su capacidad para la lectura.

Muchos de los niños que no leen con facilidad sufren problemas de personalidad. No sabemos a ciencia cierta si estos problemas son la causa de que al niño se le dificulte la lectura, o si ésta es, en cambio, la causante de sus problemas de personalidad. Pero lo cierto es que muchos niños que tienen dificultades para aprender a leer padecen también desarreglos emocionales.

Los niños entran a la escuela con diversos niveles de estabilidad emocional. Para cuando el pequeño se halla en los primeros años de primaria, es probable que ya haya aprendido ¡a no aprender! Si las condiciones en el hogar y en la escuela no son favorables, la lectura ofrecerá dificultades al niño. Y sólo si los padres y maestros trabajan en conjunto para comprender al niño, estos problemas serán más llevaderos.

Suele suceder que, si el niño no logra un buen desempeño a lo largo de su primer año de primaria, empiezan a surgir los problemas. Algunos niños necesitan que se les dedique un tiempo extra para reforzar su aprendizaje o clases especiales, libres, por supuesto, del sentimiento de fracaso.

Un papá prudente no se expresa de manera que el niño sienta que ha fracasado ni desea que su hijo tenga que enfrentarse a tareas demasiado difíciles de lograr. El papá prudente sabe que hay niños que necesitan más tiempo para aprender y, por lo mismo, está dispuesto a cederle a su hijo ese tiempo.

Sucede que los niños se sienten en ocasiones frustrados si se les fuerza a leer temas demasiado difíciles para su edad. Crean en su interior sentimientos de derrota y poco a poco adquieren animadversión hacia la lectura. Por otra parte, el fracaso alimentará más motivos de fracaso. El éxito, en cambio, crea más éxito, de modo que proporciónele al niño libros interesantes y sencillos que le ayuden a llevar a cabo con éxito su lectura.

Los problemas emocionales en el niño son fáciles de detectar. El niño los exterioriza mediante ciertos signos: se muerde las uñas, crispa los músculos de la cara, se jala y retuerce los cabellos, entre otros.

Al leer en voz alta, el niño con problemas emocionales aspira en ocasiones profundamente entre palabra y palabra o su rostro se enrojece visiblemente. La experiencia es desagradable para él. Un niño extremadamente tímido ocultará su rostro detrás del libro (¡pensando, quizás, que el maestro no lo verá!). Todo padre observador vigilará esta clase de problemas.

Las emociones no deben interferir con la facilidad para aprender a leer. Con el fin de evitar este problema, los padres deben animar y motivar a sus hijos. El niño debe llevar a cabo el aprendizaje de la lectura de manera natural y con agrado.

ALGO EN QUE PENSAR:
- ¿Cómo conceptúa mi hijo la actividad de la lectura?
- ¿Siente mi hijo angustia frente a la lectura?
- ¿Manifiesta mi hijo frustración cuando lee?
- ¿He advertido algunos signos de estrés en mi hijo: (se muerde las uñas, se le crispan los músculos de la cara, respira profundamente)?
- ¿Estoy consciente de que muchos niños necesitan más tiempo que otros para aprender a leer?

Cuando el niño siente aversión a la lectura

A nadie le agrada llevar a cabo tareas para las que no tiene facilidad. A los niños que no leen con facilidad no les gusta la lectura. Esto es algo que cabe suponer.

Su hijo es ahora lo suficientemente mayorcito como para platicar acerca de ello. La señora Fernández, persona muy sabia y mamá de Jorge, procedió como narramos a continuación:

Mamá: "Jorge, es hora de leer."

Jorge: "No tengo ganas, mamá."

Mamá: "Ya sé que no te gusta leer; pero la práctica te hará ser mejor."

Jorge: "¡Odio leer! Además, ¡el maestro no me dijo que tenía que leer!"

Mamá: "Sin duda, le tomarás gusto a la lectura a medida que progreses. No puedes progresar sin practicar."

Jorge: "¡Oh!, no me hagas leer."

Mamá: "La verdad es que preferiría que tú decidieras por ti mismo. Pero como no es así, no me queda otro remedio que decir que tienes que leer."

La señora Fernández continúa conversando con Jorge y planea, junto con él, su horario para la práctica de lectura, permitiéndole al niño que él mismo programe su horario. Puesto que a Jorge le entusiasman los caballos, su mamá le anima a que pida en la biblioteca de su escuela libros sobre caballos. Éste será sin duda un tema interesante para el pequeño. La señora

Fernández le pide a su hijo que lea fragmentos del libro con el fin de comprobar que la dificultad que éste presenta en cuanto a lectura se halla al nivel y edad del pequeño.

La señora Fernández tuvo que ser firme con Jorge para que éste cumpliera con su tarea de lectura. Lo recomendable es no tener que forzar al niño a leer. Una actitud positiva de parte de los padres es suficiente cuando el niño está dispuesto a leer. Pero cuando no hay otro remedio, los padres deben ser firmes en sus decisiones. Deben exigir al niño que lea. Éste comprenderá que una tarea razonable es una petición justa.

A los niños que les desagrada la lectura deben entender que las demás materias que estudian en la escuela dependen de la capacidad de lectura que tengan. Su hijo es lo suficientemente mayorcito como para percatarse de ello.

La lectura es una actividad que puede compararse con la de tocar el piano. Si su hijo toma lecciones de piano, usted no va a esperar otra cosa sino práctica, pues, de lo contrario, ¡usted estaría malgastando su dinero! Lo mismo sucede con la lectura. El maestro se encarga de la enseñanza de la habilidad; pero sin la práctica, esta habilidad no se llega a dominar. Si su hijo manifiesta disgusto hacia la lectura, intente algunos de los siguientes puntos:

- Anime al niño a leer libros fáciles.
- Elogie a su hijo cuando él decida por su cuenta ponerse a leer sin que tengan que recordárselo.
- Haga que su hijo se acostumbre a verle a usted leyendo.
- Hable con su hijo acerca del contenido del libro que él está leyendo.
  A la vez, deje que su hijo hable al respecto. Muestre interés por lo que el niño expresa.

- No mencione lo bien o mal que su hijo lee. Encauce su mente hacia el contenido de la lectura. Haga hincapié en el deleite que ofrece el libro, más que en el desempeño del niño en la lectura.
- Compre libros cuando desee hacer un buen regalo. Y enseñe a su hijo a valorar los libros tanto como un buen juguete o un buen juego.

ALGO EN QUE PENSAR:
Supongamos que a su hijo no le gusta leer. Haga una lista de las sugerencias mencionadas en la presente página que usted desea poner en práctica.

Ofrezca recompensas especiales

LIBROS QUE HE LEÍDO
Juanita Martínez

1. Alicia en el país de las maravillas
2. Mujercitas
3. La isla misteriosa
4.

LOS LIBROS QUE HE LEÍDO DURANTE EL VERANO
Enrique López

1. La isla misteriosa
2. El principito
3. Robinson Crusoe
4. El Quijote (para niños)

Si usted tiene un hijo a quien no le gusta leer, trate de ofrecerle algún tipo de recompensa o premio que lo motive a mejorar en su lectura.

Puede utilizar un sistema a base de "puntos". Pague 10 puntos por cada libro leído. Cuando el niño haya reunido 50 puntos podrá obtener un premio especial. Y por 100 puntos, su premio será ¡más especial todavía!

Usted dirá, sin duda, que esto se trata de un soborno. Y, en efecto, lo es. Además, la práctica del soborno no es recomendable utilizarla, y menos con un niño. No conviene en absoluto "pagar" a un niño por algo que debería hacer por iniciativa propia. Sin embargo, los niños con problemas de aprendizaje de lectura necesitan en ocasiones un trato especial y diferente. El soborno puede ser, en estos casos, una ayuda para que el niño supere su problema.

La recompensa puede consistir en una estrella de oro que el niño recibirá por cada libro leído. Cuando reúna 10 estrellas doradas, el niño tendrá derecho a un privilegio especial.

Llevar un registro de los libros leídos puede constituir un motivo de estímulo para el niño. "LOS LIBROS QUE HE LEÍDO" sería su título, y éste puede estar escrito sobre una tarjeta de color agradable y muy vistoso. La tarjeta puede colgarse en un lugar estratégico para la familia y resulta de especial utilidad cuando la familia se compone de varios niños, quienes utilizarán una tarjeta distinta cada uno.

Las vacaciones de verano duran casi tres meses, y si los niños no leen durante todo ese tiempo, es probable que su habilidad para leer sufra un retroceso. En ocasiones, el maestro tiene que trabajar durante seis semanas o más ¡para que el niño logre alcanzar el nivel que tenía al final del año escolar anterior!

Llevar el registro de los libros leídos es de gran ayuda. Mantener al corriente la lista es, de hecho, un trabajo compensador. ¡El niño disfrutará ver cómo crece su lista!

El objetivo consiste en que el niño quiera leer. Cuanto más lea un niño, mejor será su habilidad. Haga que la siguiente frase:

"LEE ALGO TODOS LOS DÍAS"

se convierta en el lema de la familia. De esta manera, la lectura sin duda llegará a ser un hábito de por vida. Y un buen hábito, por cierto.

ALGO EN QUE PENSAR:
Si su hijo se rebela y no le gusta leer, ¿qué recompensas especiales le puede ofrecer? Haga una lista.

Lectura para niños más pequeños

Los niños más mayorcitos en ocasiones gustan de leerles a los más pequeños. Los padres deben a toda costa estimular esta excelente práctica. El niño que necesita leer con frecuencia para adquirir soltura tendrá, en este caso, ocasión para practicar. Los niños más pequeños aprenderán a escuchar con atención. Incluso a un bebé pueden leérsele determinados textos.

Los niños en edad de pre-primaria necesitan aprender y entender el significado de muchas palabras antes de que se

desempeñen bien en la lectura cuando entren al primer año de primaria. El hermano o hermana mayorcitos que les lean a los pequeños prestarán una valiosa ayuda al respecto. Favorezca esta práctica, pues tendrá sus recompensas.

El que los hermanos mayores lean para los hermanos más pequeños puede hacer que aquéllos se sientan como una estrella refulgente. La señora García le dice a Carlitos: "Y ahora vas a estar muy quietecito porque Marta te va a leer un libro muy hermoso. ¿Verdad, Marta, que es bonito leer para todos un libro tan hermoso?"

Estas palabras hacen que Marta sienta que está haciendo algo de gran importancia. Marta se siente una persona importante.

Cuando Marta le lee a Carlitos, ninguno de los hermanos la está juzgando. Carlitos, por su parte, no estará escuchando las faltas que Marta pueda cometer. Estará escuchando y disfrutando de la historia que Marta lee.

Carlitos no sabrá si Marta comete o no errores en su lectura. Y Marta se sentirá a gusto respecto a su hermano más pequeño. Siempre que un hijo mayorcito le lea a su hermano más pequeño, recuérdele que:

- debe sentarse junto al pequeño;
- debe hacer comentarios acerca de las ilustraciones del texto;
- debe leer en el mismo tono en que se habla;
- debe sentir interés y entusiasmo por la narración que está leyendo.

Si el hermano menor participa de buen grado, anime al hermano o hermana mayor a que le permitan al pequeño sostener el libro y pasar las páginas conforme vayan leyendo.

¡Y no olvide dar las gracias por la valiosa ayuda recibida!

ALGO EN QUE PENSAR:
Escoja cinco razones por las cuales conviene que el hermano mayor le lea al hermano menor.
- Nadie juzgará al lector.
- El niño más pequeño se mantendrá quieto y callado.
- El niño más pequeño aprenderá el significado de muchas palabras.
- El mayor de los hermanos se sentirá orgulloso de su labor.
- El mayor de los hermanos se sentirá seguro de sí mismo ante el hermanito menor.
- Esta práctica sirve de gran ayuda, tanto para el hermano mayor como para el menor.

Maneras de estimular la lectura en voz alta

Una sesión razonable de lectura en voz alta es conveniente para el niño que está en sus años de primaria, pues constituye una forma de que el niño adquiera más práctica. Intente algunas de las sugerencias que se dan a continuación.

Asumir con la lectura el papel de distintos personajes.

El niño de siete u ocho años, a la vez que otros niños mayores que necesiten práctica complementaria de lectura pueden beneficiarse de la lectura en grupo, junto con usted. "Vamos a leer la historia todos juntos.

María leerá el papel de la reina; David será el mensajero y yo leeré la parte del narrador." Además de que así adquieren agilidad en el movimiento de la vista, los niños aprenderán a leer utilizando un tono tal y como si hablaran en una conversación normal. Por otro lado, la mamá o el papá forman parte de la experiencia, ¡y esto es muy importante para los niños!

Leer una historia o un cuento a otra persona.

Pídale al niño que lea en voz alta para sus abuelos. ¡A los abuelos les fascina escuchar a sus nietos! (La lectura para un hermano menor ya se menciona en páginas anteriores.)

Leer para responder preguntas.

Pídale al niño que lea la parte en que se dice algo sustancial de la historia. "Lee la parte que describe lo que Lucía sintió cuando perdió su dinero." "Busca la parte que describe la gran sorpresa que se llevó la familia de Felipe." Puede pedirle al niño que busque la parte más divertida de la historia, la más emocionante, la más misteriosa, o la más triste.

Demostrar un argumento.

Plantee preguntas y luego pídale al niño que demuestre su respuesta leyendo la parte en la que ésta se encuentra en el texto. Haga preguntas salteadas, con el fin de que el niño adquiera la habilidad de sintetizar por medio de la lectura rápida.

Dar la secuencia de los hechos en la narración.

Luego de que el niño haya terminado de leer en silencio, pregúntele: "¿Qué pasa al principio de la narración? Lee esa parte." "¿Qué sucede después? Busca esa parte y léela." "¿Qué sucede al final?" (No olvide elogiar las respuestas correctas.)

Utilice una grabadora.

Si no dispone de grabadora, considere la conveniencia de adquirir una para las ocasiones especiales. Anime a su hijo a leer y grabar la narración. Resulta conveniente que el niño practique algunas veces antes de grabar. El resto de la familia u otros amiguitos oirán después la narración grabada.

Escribir una historia y leerla luego en voz alta.

Anime al niño a que redacte a su modo alguna experiencia nueva. Usted puede darle ideas y luego pedirle al niño que escriba sobre ellas. Algunos comienzos de narración podrían ser:

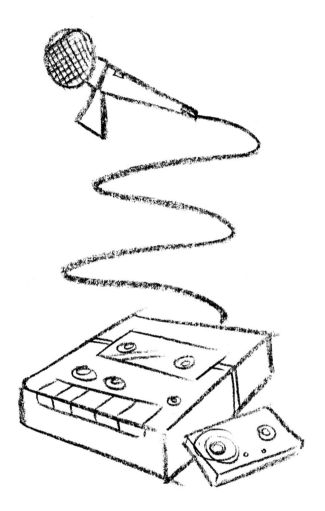

"¡Se me pararon los pelos de punta!"
"El día más feliz de mi vida fue…"
"¡Suoop, splash, splash!"
"Si pudiera pedir tres deseos…"
"Si me encontrara un tesoro enterrado…"
"Si tuviera cien pesos para gastarme…"

Frases como éstas motivarán al niño a escribir. ¡No exija una ortografía perfecta!

Completar una narración.

Busque una narración que su hijo no haya leído. Cuéntele parte de ésta y pídale que termine él la narración leyéndole a usted el resto de ella.

La lectura como experiencia de la vida real

Aproveche toda oportunidad de pedirle a su hijo que lea. Deje que la lectura se lleve a cabo de manera natural y procure que surja como consecuencia de una necesidad real. Usted no deseará que su hijo considere que la práctica de leer es sólo algo que usted le encarga para tenerlo "ocupado".

Cuando usted se halle trabajando en la cocina, puede ser de gran utilidad que su hijo o hija le lean la receta de aquello que piensa preparar. Martín podría, primero, buscar en el índice del libro de cocina cuál es el número de página que contiene la receta que usted necesita y luego, encontrada ésta, leérsela a usted.

Incluso los alimentos preparados y empacados llevan las instrucciones de uso impresas en el envase. Si tiene un niño con problemas de lectura, pídale que le lea las instrucciones de preparación.

Los alimentos de preparación más sencilla, como son los pasteles y tartas congelados, o los alimentos ya cocinados y congelados, e incluso las verduras y cereales enlatados llevan impresas en el envase las instrucciones de uso.

Aunque usted conoce perfectamente esas instrucciones, ¡claro que en ese momento no las recuerda bien! El niño, al leerlas, sentirá que le está prestando una gran ayuda.

Papá acaba de comprar una mesa armable, cuyas instrucciones para armado se hallan en la caja que la contiene. Le pide a Julio que las lea mientras sigue cada paso indicado en ellas. Así, Julio le ayuda a su papá y a la vez adquiere práctica en la lectura; esta clase de práctica rendirá excelentes resultados.

Mamá ha comprado un nuevo juego de salón para los niños y nadie sabe cómo se juega. Por lo tanto, le pedirá a Carmelita que lea y explique a los demás cuáles son los pasos del juego.

Son muchas las ocasiones en que sus niños pueden ayudarle con la lectura de cosas que son necesarias en la vida cotidiana. Usted acaba de abrir, por ejemplo, un frasco de medicina. "Juanito, por favor, léeme las instrucciones de uso; la letra en que están escritas es demasiado pequeña para mi vista", le dirá a su niño. Cuando necesite un número de teléfono o una dirección, pídale a su hijo que los encuentre para usted.

Los folletos de alimentos del supermercado precisan leerse en busca de ofertas de ahorro que a usted sin duda le interesarán. Pídale a su hijo que haga ese trabajo. También son muchos los anuncios de publicidad que se reciben por correo; no los deseche hasta que su hijo los lea.

Cuando su hijo le lea a usted con algún propósito concreto, préstele atención y evite mencionarle los posibles errores que haya cometido mientras lee. Haga que su hijo se sienta seguro de sí mismo cuando lea para usted.

Las oportunidades de leer en la casa son numerosas y, además, constituyen situaciones de la vida real. Aprovéchelas.

ALGO EN QUE PENSAR:
En estas dos páginas se describen varias situaciones reales. Escoja las frases que describen situaciones reales en las que los niños pueden intervenir para adquirir más práctica en la lectura. ¿Encontró ocho?

La lectura de textos fáciles

Muchos niños a quienes se les dificulta la lectura no tienen la suficiente práctica con lecturas fáciles. Si tienen dificultades con cinco o seis palabras en la página de lectura, considerarán el texto como demasiado difícil ¡y no les gustará leer!

En ocasiones, los niños llevan a la casa libros de la biblioteca de su escuela que son demasiado difíciles para ellos. Sucede así porque cuando el niño acude a la biblioteca teme que los demás compañeros se burlen de él si toma un libro del estante de los fáciles. Para el niño resulta difícil soportar el hecho de sentirse diferente a los demás o de quedar mal delante de los otros. Se sentirá lastimado si alguno de sus compañeros le dice: "Tomaste un libro del estante de los libros para bebés", por ejemplo. De modo que recurre a la solución más cómoda. Lleva a la casa el libro más difícil que pueda encontrar.

Existe una infinidad de títulos adecuados para el segundo o tercer grado de primaria pero que también resultan interesantes para los niños más mayorcitos. Por otra parte, anime a su niño a que revise los títulos de la siguiente lista en la que, por supuesto, sólo se menciona una mínima parte del inmenso caudal de libros con cuya lectura toda persona puede enriquecerse.

El responsable de la biblioteca en la escuela de su hijo le proporcionará otras sugerencias de utilidad.

El género de la fábula.

Del género de la fábula, las adaptaciones y versiones para niños, de autores como Esopo, La Fontaine, Iriarte o Samaniego.

Cuentos para niños.

De entre los muchos cuentos para niños, recomendamos:

De Hans Christian Andersen: *La sirenita*,
 El traje nuevo del emperador,
 El patito feo,
 El valiente soldadito de plomo.

Clásicos de la literatura en español.

De estos clásicos podría elaborarse una lista ¡interminable!, y lo mismo sucede si enumeráramos escritores de la literatura mundial, cuyas obras traducidas al español, y casi todas con excelentes adaptaciones para niños constituyen, en sí, una fuente ilimitada de placer y entretenimiento.

Literatura contemporánea.

De la literatura contemporánea, también sería interminable la relación de títulos; al azar, seleccionamos unos cuantos:

De Juan Ramón Jiménez: *Platero y yo*.
De Rabindranath Tagore: *El jardinero*
 o *El cartero del rey*.
De Alfonso Reyes: *Visión de Anáhuac*.
De Juan Rulfo: *El llano en llamas*.
De entre los numerosos cuentos de Jorge
 Luis Borges: *Historia de los dos reyes*
 y de los dos laberintos o *Historia de*
 los dos que soñaron.
De entre las tantas obras de Gabriel
 García Márquez: *Doce cuentos*
 peregrinos o *Cien años de soledad*.
Del ecuatoriano José Antonio Campos:
 Los tres cuervos o *El gallo encantado*.

Poesía en verso.

*En el género poesía en verso, fragmentos de las obras de Jorge Manrique, Lope de Vega, Calderón de la Barca, Sor Juana Inés de la Cruz, Federico García Lorca, Carlos Pellicer, Octavio Paz, Jaime Torres Bodet, entre tantísimos otros.

Si usted acompaña a su niño a la biblioteca escolar o pública lleve consigo la

presente lista para que le sirva de guía. Por otra parte, si el niño necesita horas extra de práctica, solicite en la biblioteca libros que le resulten atractivos al niño por su contenido interesante y que posean un vocabulario fácil y accesible. Si la lectura es fácil e interesante, su hijo ¡aprenderá a leer!

*Los títulos con asterisco presentan un más alto nivel de dificultad de lectura.

El uso del periódico

El periódico constituye una buena fuente de ayuda para leer, sobre todo para su hijo mayorcito. El niño no tiene que conocer el significado de todas las palabras en el texto. Entréguele el periódico dándole algunas instrucciones acerca de su contenido y la secuencia que éste sigue. El niño se sentirá satisfecho, sobre todo ¡porque leer el periódico es cosa de personas mayores!

Intente con su hijo algo de lo siguiente: "Lee este artículo y dime de qué se trata". Elija un artículo que en opinión de usted sea de interés para el niño. No le pida que lo lea en voz alta. Sólo pídale que le cuente de qué se trata y muestre interés por lo que el niño describe.

Leer y divertirse con las tiras cómicas.

Guarde todo ese material de los periódicos y recórtelo dividiendo cada tira en secciones. Introduzca los recortes en un sobre y pídale luego a su hijo que ordene la tira siguiendo la debida secuencia, desde la primera escena hasta la última. Este ejercicio le procurará al niño práctica, mejorará su lectura y le ayudará a ordenar su pensamiento (sabrá seguir una secuencia).

Utilizar las caricaturas y dibujos animados de los periódicos y revistas.

Elija aquellos que en su opinión el niño sea capaz de explicar. ¿Cuál es la intención del artista? Pensar es leer.

Poner títulos a los artículos.

Recorte unos cuantos artículos y separe de éstos sus títulos.

Pídale al niño que junte el título correcto con el artículo correspondiente.

Utilizar los anuncios clasificados.

Utilice esta sección para que su hijo practique, pretendiendo que va a comprar un perro o un automóvil. ¿Dónde buscaría cada uno de los dos y por cuál anuncio se decidiría?

Utilizar las historietas y caricaturas de los periódicos del domingo.

Recorte una que sea de su gusto y, de ésta, recórtele la parte de los diálogos. Pegue la historieta, ya sin diálogos, sobre una hoja de papel y pídale a su hijo que escriba la conversación adecuada, redactada por él. La escritura y la buena ortografía son de gran importancia para pensar y leer.

Utilizar la sección de deportes.

Si su hijo siente interés especial por la sección de deportes, aproveche ésta. En ella el niño puede encerrar en un círculo cuantas palabras encuentre que indiquen acción (verbos). Lo más probable es que el texto esté repleto de interesantes palabras.

Recortar palabras.

Este ejercicio es conveniente para los niños de los últimos años de primaria. Instrúyalos de manera que recorten del artículo palabras que, una vez recortadas, deberán clasificar en grupos. Estos grupos consistirán en: Nombres (de personas, de lugares, de objetos), verbos (palabras que indican acción), y adjetivos (palabras que describen algo acerca de un nombre).

Dejar que el niño "adivine" el significado de algunas palabras.

La página editorial es conveniente para este ejercicio. Pídale a su hijo que busque diez o más palabras cuyo significado no comprende. Enciérrelas en un círculo. A continuación, lea la frase e invite al niño a que adivine el significado de la palabra desconocida. Compruebe con él en el diccionario si en efecto adivinó el significado.

Recortar un artículo en párrafos.

Verifique si su hijo es capaz de rehacer el artículo juntando los recortes en el orden correcto, desde el principio hasta el final.

Jugar el juego de los nombres.

Pídale a su hijo que escriba su nombre de manera vertical sobre una hoja de papel. Junto a cada una de las letras el niño debe escribir un adjetivo o un verbo que haya encontrado en el texto del periódico y que comience con esa misma letra.

Seguramente se le ocurrirán muchas otras actividades que le servirán de práctica a su hijo. El uso del periódico le añade profundidad a la actividad de lectura del niño.

La lectura y la televisión

La televisión tanto puede ser de utilidad como ser perjudicial. Todo depende del uso que se haga de ella. En algunos casos, muchos niños pasan más tiempo al día viendo televisión que el que están en la escuela. Y es que la televisión es un medio de tenerlos entretenidos, además de que su manejo es fácil e interesante, de modo que no existe razón alguna por la que un niño preferiría leer. ¡Ver televisión les resta un tiempo precioso que podrían dedicar a la lectura!

No resulta fácil para los padres manejar la distribución del tiempo que se dedica a ver televisión. Sin embargo, es mucho mejor cuando aquéllos pueden limitar tanto el tiempo como la clase de programas que ven sus hijos. Apague la televisión; procúrese un rato de tranquilidad y silencio. Llegó la hora de lectura para toda la familia. No olvidemos que los niños aprenden del ejemplo que reciben.

Volviendo a la televisión, ésta puede ser útil para la actividad de lectura, siempre y cuando el verla no sustituya a esa actividad que debe desarrollar el niño. Puede ser útil en el sentido de proporcionar experiencias con el significado de miles de palabras. La riqueza de vocabulario es muy importante para poder leer bien, de modo que la televisión procura al niño experiencias de las que éste no dispone de primera mano. El niño aprende así mucho acerca del mundo exterior y acerca de las personas. Por otra parte, hay algunos programas de televisión que, a la vez que entretienen, se dedican a la enseñanza de diversas habilidades para los niños. Es de esperar, para beneficio de todos, que este tipo de programas vayan en aumento y que sean accesibles a todas las zonas del país.

Deje que su hijo lea la programación televisiva, ya sea en el periódico o en la guía para TV, y decida con él qué programas podrá ver. En ocasiones, es posible encontrar libros o publicaciones a bajo precio acerca de personajes de la televisión. El niño se sentirá motivado a leerlos si conoce y ve ese programa determinado de televisión. Utilice su interés para estimular la práctica de las habilidades de lectura que el niño ha desarrollado en la escuela.

Algunas de las emisoras de televisión pasan mensajes por escrito en la pantalla al final de sus programas. Anime a su hijo a leerlos. Asimismo, algunos de los espectáculos con juegos resultan educativos para los niños.

Elija con tino y sabiduría. Logre que la televisión ayude a mejorar la capacidad de lectura de su hijo, en lugar de obstaculizarla.

ALGO EN QUE PENSAR:
La televisión puede ser beneficiosa o perjudicial para el niño. ¿Qué piensa usted acerca de lo siguiente? Juzgue qué es bueno o malo.
- La televisión puede ayudar a mi hijo a aprender el significado de las palabras.
- La televisión puede impedir que mi hijo dedique un tiempo a la lectura.
- La televisión puede hacer que mi hijo se anime a leer publicaciones acerca de algunos personajes de la pequeña pantalla.
- La televisión mantiene a mi hijo quieto y sentado durante largo rato.
- La televisión ayuda a que mi hijo aprenda a escuchar y prestar atención.

¡Palabras! ¡Palabras! ¡Palabras!

Cuando el niño tiene dificultad para la lectura por lo general no se debe a que no pueda pronunciar bien las palabras. Es más bien que no comprende lo que está leyendo. No conoce el significado de muchas de las palabras del texto.

Más que cualquier otra cosa, el número de términos cuyo significado conoce su hijo es un indicador de lo bien que lee. Hay mucha diferencia entre un niño y otro en el número de palabras que forman parte de su vocabulario y cuyo significado conocen.

Los padres disponen de muchos recursos para enseñar a sus hijos el significado de los términos. Desde que nace, el niño comienza a aprender estos significados. Aprende a pronunciar y comprender miles de términos antes de que entre a la escuela. ¡Y los padres han sido los maestros!

Los estudios muestran que antes de que el niño se desempeñe a un nivel de lectura de primer año de primaria, debe ya conocer entre 3,000 y 6,000 palabras y comprender entre 20,000 y 48,000. ¡Ésas son muchas palabras!

El señor Sierra dice: "No entiendo por qué el maestro dice que Federico no tiene facilidad para la lectura. Lee todo lo que le cae en las manos. ¡Incluso sabe leer el periódico!"

Lo que no entiende el señor Sierra es que LEER NO CONSISTE EN LA MERA PRONUNCIACIÓN DE PALABRAS. Leer es pensar. ¡Comprender las palabras, no pronunciarlas, es lo que importa!

Son muchas las habilidades relacionadas con la comprensión. El niño que cursa su primer año de primaria debe ser capaz de:

- volver a narrar lo que ha leído;
- contestar preguntas acerca del material leído;
- sacar conclusiones de lo leído;
- decir si lo leído es cierto o no lo es;
- enumerar los hechos en un orden coherente;
- extraer del texto lo importante;
- decir cuál es el móvil de actuación del personaje;
- describir la causa y el efecto –cómo sucedió el hecho narrado;
- y muchas otras cosas. ¡Para ello es necesaria una gran reflexión!

El niño necesita herramientas para pensar. Y no será realmente capaz de leer bien hasta que piense bien. Para ello, necesita conocer el significado de muchas palabras.

En las páginas que siguen se exponen algunas sugerencias que le resultarán de utilidad. Ayude a su hijo día a día a descifrar el significado de las palabras.

ALGO EN QUE PENSAR:
¿Usted qué opina?
En esta página hay aseveraciones muy importantes. Haga una lista de aquellas que llamaron su atención.

El significado de las palabras

La mejor forma de enseñar al niño un rico vocabulario es ¡hablando! Comience desde que el niño es un bebé, y háblele como "adulto". Utilice muchas palabras que su hijo no comprende de antemano. Antes de lo que usted piensa, muchos de estos vocablos habrán pasado a formar parte del vocabulario de su hijo y comprenderá su significado.

Ver televisión es otra forma de enriquecer el vocabulario del niño –hablando y escuchando. Los niños de ahora tienen un léxico mucho más completo gracias a la televisión.

Los programas que vean deben ser de calidad y adecuados a su edad –deben estar destinados a los niños–, a la vez que pueden ver también programas sobre exploraciones, viajes, noticias, informes del clima, y situaciones positivas de la vida de una familia. Todos estos temas desarrollan el lenguaje y esclarecen el significado de las palabras.

El progreso en el lenguaje hablado sienta las bases para el lenguaje escrito. ¡El niño no puede escribir mejor de lo que habla! Los padres deben explicar el significado de vocablos de uso poco frecuente y que el niño escucha en los programas de televisión. Dedique un tiempo con su hijo para que él discuta acerca de los programas; así, utilizará algunas de las palabras que habrá escuchado ahí.

Otra forma útil de enriquecer el vocabulario consiste en leer para el niño. Recurra a una amplia gama de temas y fuentes de consulta. El lenguaje del niño comenzará a mostrar variedad, colorido, riqueza. Con la probable excepción de la buena televisión, no hay ninguna otra fuente mejor para el desarrollo del vocabulario que la lectura.

También las experiencias de primera mano son una fuente de enriquecimiento del vocabulario del niño. Si éste puede visitar una granja o un rancho, escuchará palabras completamente nuevas para él, como forraje, pastura, rebaño, alimentar con pienso, pasteurizar, centrífuga, establo, y muchas otras. Y lo mismo sucederá con todas las demás experiencias que usted le procure. Contribuya a la riqueza del significado de las palabras utilizando toda experiencia, grande o pequeña, para enseñarlo.

Leer, platicar, vivir experiencias enriquecedoras, y los buenos programas de televisión constituyen los cuatro elementos de enorme importancia para que el niño se

desempeñe excelentemente en la escuela y en su vida cotidiana. ¡Y todos ellos pueden utilizarse tan fácilmente!

Si su hijo posee un buen vocabulario con el que expresarse, es casi seguro que tendrá facilidad para leer y aprenderá rápido. Usted puede procurarle las herramientas en casa. ¡Usted es el maestro!

ALGO EN QUE PENSAR:
A continuación se enumeran cuatro formas de enriquecer el vocabulario de su hijo. Clasifíquelas de acuerdo con la importancia que tengan para su hijo. (1, 2, 3, 4) 1 es para lo más importante.

- Lectura
- Platicar
- Buenos programas de televisión
- Experiencias de primera mano

Guía para leer acerca de diversos temas

Cada tema tiene su propia manera de leerse. Y cada uno tiene también su propio grupo de palabras. El niño debe aprender a leer de distintas maneras.

Un problema de aritmética, por ejemplo, necesita leerse paso a paso. Y lo mismo sucede con las instrucciones que se dan en un libro de ciencias. Las ciencias sociales exigen, en cambio, pensar en los detalles del texto. En cuanto al material utilizado para informes y para responder preguntas, necesitará leerse de modo que sea posible sintetizar y centrarse en los temas generales.

La lectura de narraciones y libros para entretenimiento requiere un estilo diferente. La mente sigue la trama de la historia y no reclama la misma clase de lectura cuidadosa que las ciencias sociales, por ejemplo.

Los niños que cursan los grados intermedios de primaria necesitan una guía para adquirir habilidades de estudio. Es necesario que sepan encontrar el material adecuado, organizarlo y tomar notas que sirvan para su propósito. Todo ese proceso debe aprenderse y usted, por medio de su experiencia, puede ayudar a su hijo.

En ocasiones, conviene que los padres lean junto con los pequeños y les ayuden en su proceso de razonamiento hasta que éstos puedan valerse por sí mismos.

La señora Campos ayuda a Guillermo. Primero le indica cómo hacer una síntesis del capítulo que está leyendo del libro de ciencias sociales. Luego le orienta para que lea la primera frase de cada párrafo, pues éstas suelen ser frases clave en el texto. Muchas de éstas necesitan memorizarse, de modo que la señora Campos ayuda a Guillermo al explicarle el significado de las palabras que el niño desconoce.

El señor Olmos ayuda a Pablo cuando éste se lo pide y es paciente con él cuando es necesario. A Pablo se le dificulta encontrar la respuesta a las preguntas del texto. El señor Olmos le indica qué párrafo contiene la respuesta, pero deja que Pablo la encuentre. También le ayuda a leer las tablas, las gráficas y los diagramas.

Leer para entender el contenido de los diversos temas no es igual a leer como entretenimiento. Si su hijo necesita de usted, sea paciente con él. Si el trabajo puede llevarlo a cabo él solo, deje que lo haga. Deje que el niño se sienta seguro y a gusto conforme aprende a través de la lectura.

ALGO EN QUE PENSAR:
Juan tiene problemas para leer un texto en un libro de ciencias sociales. El señor Pérez ayuda a Juan. En su opinión, ¿qué es lo que el señor Pérez hace bien?; ¿qué considera usted que hace mal?
- El señor Pérez enseña a Juan a estudiar.
- Primero le pide a Juan que dé un vistazo al capítulo.
- Le da a Juan 30 preguntas para que escriba las respuestas.
- Ha deletreado para Juan todas las palabras especiales.
- No le dice las respuestas pero le muestra dónde encontrarlas.
- El señor Pérez lee todo el capítulo para Juan.
- El señor Pérez es paciente y comprensivo con Juan.
¿Encontró cuatro cosas "bien" hechas?

¡Trabajo cerebral de "alto nivel"!

Otra forma de que su hijo mejore las habilidades de lectura consiste en plantearle las preguntas oportunas. Las preguntas puede hacérselas antes de que el niño lea el texto, mientras lee el texto o después que ha terminado su práctica de lectura. Este ejercicio es recomendable sobre todo para cuando el niño lea textos de ciencias sociales o de ciencias naturales.

Las preguntas ¿quién?, ¿qué?, ¿cuándo? y ¿dónde? le ayudan al niño a estudiar y a aprender lo que lee. Son preguntas convenientes cuando se lleva a cabo un trabajo sencillo en el que intervenga la memoria. Pero son preguntas que no motivan al niño a discurrir; sin duda, lo que usted desea es que su hijo piense; que su cerebro trabaje en serio. Cuando los niños apliquen los hechos que aprenden, pensarán profundizando más en las cosas.

Las preguntas ¿cómo?, ¿por qué?, ¿en qué? y ¿a qué? son mejores. En comparación con el anterior tipo de preguntas, las de esta segunda categoría podemos calificarlas como de realmente buenas, pues motivan al niño a profundizar más en las cosas. ¿En qué se diferencian las cuatro estaciones del año? ¿Por qué deben las personas votar por sus gobernantes? ¿Cómo podemos arreglar la mesa que se rompió? Motive a su hijo, siempre que pueda, con esta clase de preguntas.

Las preguntas que cuestionan toda clase de hechos y acontecimientos son ¡excelentes!; son las que deben plantearse de preferencia. ¡Esta clase de preguntas hacen funcionar la inteligencia del niño! Recuerde que el cerebro debe trabajar cuando lleva a cabo la práctica de la lectura. Estas preguntas hacen que el niño exprese una opinión y tome una decisión acerca de algo concreto. ¿Debe combatirse la contaminación? ¿Deberían dosificarse a los niños los juegos de video? ¿Podría lograrse que esta norma fuera más justa para todos? ¿Es conveniente talar los bosques?

Cuando su hijo lea por placer, las preguntas que usted le haga le servirán de mucho. Plantéele cuestiones como:

"¿Se lo recomendarías a un amigo?"

"Qué personaje es el que más te gusta? ¿Por qué?"

"¿Es este libro la narración de una historia real o de ficción?"

"¿Te gustaría leer más libros del mismo autor?"

¡Haga preguntas que lleven a su hijo a discurrir y él le responderá con el consiguiente trabajo cerebral de "alto nivel"!

ALGO EN QUE PENSAR:
¿Qué clase de preguntas deben hacerse para que el niño reflexione?
Juzgue si la frase es conveniente, buena o excelente.
- ¿En qué año terminó la Segunda Guerra Mundial?
- ¿Tiene todo el mundo derecho a votar?
- ¿Cuál es la capital de Dinamarca?
- ¿Son buenos los viajes espaciales?
- ¿En qué se diferencian las cuatro estaciones del año?
- ¿Por qué nunca hace calor en el Polo Norte?

(Encontró dos de cada grupo de los mencionados más arriba?

La buena salud es importante

Si el niño tiene problemas de visión, de audición o del habla se reflejarán en su práctica de la lectura. En cuanto al niño que padece miopía, tiene menos problemas que el niño que tiene hipermetropía.

Los niños con dificultades en el habla manifiestan problemas para pronunciar las palabras. En ocasiones, y debido a esto, se sienten cohibidos y desarrollan otro tipo de desarreglos que provocan en ellos un rechazo a la actividad de la lectura. En la escuela, es labor del maestro prestar ayuda especial al niño que padezca desarreglos del habla. Si éstos son muy serios, escuelas especiales atienden a los niños que los padecen.

Es necesario que los padres estén al tanto de la salud de sus hijos. Se debe vigilar que la capacidad de la vista y del oído sean normales; asimismo, el niño debe descansar lo más posible y alimentarse lo suficiente con una dieta adecuada. El exceso de dulces y golosinas, por ejemplo, así como de comida instantánea, no forman parte de una buena nutrición.

El niño robusto, bien alimentado y lleno de energía no es probable que tenga problemas de aprendizaje ni de lectura. El niño enfermizo, en cambio, no tiene ánimo suficiente para el estudio. Si no asiste a la escuela, tampoco seguirá, por lo tanto, las clases de lectura. Y es muy difícil después reponer el tiempo perdido.

Si algo así llegara a sucederle a su hijo, convendría conseguirle un maestro que acudiera a la casa a darle clases complementarias, sobre todo si el niño se ve obligado a ausentarse por largas temporadas.

La lectura equivale a trabajo. Para la mayoría de los niños constituye la habilidad más difícil de todas cuantas deberá aprender en su vida escolar. Así, necesitan de un ambiente propicio para desempeñarse bien.

"¡Que tengas un buen día en la escuela!", dice todo papá sensato. El niño acudirá a la escuela bien alimentado y con la energía necesaria para llevar a cabo las tareas que se le encomienden, y dentro de un estado anímico positivo y alegre. De esta manera, el niño rendirá su mejor esfuerzo. La lectura exige todo esto.

ALGO EN QUE PENSAR:
Piense en lo siguiente:
Su hijo:
- ¿come adecuadamente?
- ¿duerme lo suficiente?
- ¿ve bien?
- ¿oye bien?
- ¿no tiene problemas del habla?
- ¿casi nunca falta a la escuela?
- ¿es un niño feliz, tanto en la casa como en la escuela?

Piense acerca de todo esto y compruebe cuántas respuestas afirmativas puede dar.

Algo en que pensar

Lista de revisión para los padres

Usted es un importante maestro para enseñarle a leer a su hijo. Califíquese usted mismo mediante el siguiente cuestionario.

Sus respuestas a las siguientes preguntas deben de ser afirmativas.

- ¿Leo para mi hijo, prácticamente a diario?
- ¿Comencé a leerle cuando era un bebé?
- ¿Le gustan a mi hijo las narraciones y los libros?
- ¿Le ayudo si se le dificulta la lectura?
- ¿Le expreso mis elogios cuando realiza progresos en la lectura?
- ¿Trato de que se sienta tranquilo y a gusto consigo mismo, en especial en cuanto a sus logros?
- ¿Estoy pendiente de posibles problemas emocionales en mi hijo?
- ¿Me pongo en contacto con su maestro en caso de que sea necesaria mi ayuda?
- ¿Procuro que adquiera práctica con libros fáciles pero amenos e interesantes para él?
- ¿Escucho con interés lo que él lee, y no cómo lo lee?
- ¿Tengo en la casa un buen acopio de libros, revistas y periódicos a la disposición de mi hijo?
- ¿Le animo a que logre una buena pronunciación, sin exigirle más de lo normal?
- ¿Adquiero libros para mi hijo como regalo en ocasiones especiales?
- Cuando mi hijo necesita ayuda, ¿contribuyo leyendo para él las materias de estudio?
- ¿Restrinjo el tiempo para ver televisión con el fin de que mi hijo lea más?
- ¿Le planteo preguntas que lo hagan discurrir, cuando lee?

- ¿Le animo a que lea para mí?
- ¿Contribuyo a que enriquezca su vocabulario mediante diversos ejercicios y juegos?
- ¿Vigilo la existencia en mi hijo de problemas de audición o de visión?
- ¿Dedico un tiempo para jugar juegos de palabras con él?

Sus respuestas a las siguientes preguntas deben de ser negativas.

- ¿Restrinjo las horas de juego a mi hijo con el fin de que las dedique a la lectura?
- ¿Utilizo la práctica de la lectura como castigo?
- ¿Amenazo a mi hijo con la idea de que no pasará de año porque no lee bien?
- ¿Comparo la forma como mi hijo lee con la de otro compañero o hermano?
- ¿Regaño o castigo a mi hijo si tiene problemas con la lectura?
- ¿Lo someto a alguna otra presión que influya en su progreso con la lectura?

CAPÍTULO 4

Algunos niños tienen dificultades con las matemáticas. Otros son más hábiles para el cálculo que para la solución de problemas. O bien se les dificulta comprender el planteamiento del problema de matemáticas, o bien no han aprendido a utilizar métodos de razonamiento para encontrar la solución.

En los sistemas docentes, son varios los métodos que se utilizan para la enseñanza de las matemáticas. Las sugerencias que yo le propongo pueden ponerse en práctica de inmediato en la casa, con cualquiera que sea el método por el que haya aprendido su hijo, y se pueden probar en cualquier momento, en cualquier situación.

Las páginas que siguen le ofrecerán algunas sugerencias para ayudarle a usted, padre, en esta tarea de estímulo del aprendizaje de matemáticas. La escuela y sus maestros necesitan de su ayuda. Pero precisan que usted haga lo indicado. Y su hijo necesita, sí, aprender matemáticas. Pero también necesita disfrutar de lo que aprende.

Le invito a que, siempre que tenga la oportunidad, ayude a su hijo a utilizar y a poner en práctica las habilidades matemáticas que aprende en la escuela.

Comprenda a su hijo

Cada niño es diferente en cuanto a sus capacidades para aprender distintos temas o disciplinas.

Algunos tienen facilidad para las matemáticas. A otros esta materia se les dificulta. Unos niños leen con agilidad y soltura; otros, en cambio, necesitan más tiempo para aprender a leer o simplemente es una actividad que les resulta más difícil. Su niño, por ejemplo, quizá tenga dificultad con las matemáticas y, en cambio, disfrute la lectura, además de que quizá posea también excelentes aptitudes para ella.

La mayoría de los niños aprenden con todos los sentidos: la vista, el oído, el olfato, el gusto y el tacto. Unos aprenden con más facilidad por medio de la vista; otros, por medio del oído, es decir, escuchando; otros más, necesitan ayuda especial y aprenden por medio del tacto.

En ocasiones, algunos niños sufren impedimentos que se interponen en su proceso de aprendizaje. Estos impedimentos pueden ser físicos o emocionales.

Unos niños tienen dificultades en el aprendizaje de cualquier materia o actividad de tipo intelectual y, en cambio, se desenvuelven bien en todo lo que tiene que ver con los trabajos y actividades manuales.

Acepte a su hijo tal y como es, pues, aunque entre un niño y otro existen muchas diferencias, todos ellos tienen las mismas necesidades.

Ningún niño, tanto si padece algún impedimento como si es brillante, aprende quién es o no amado, aceptado, querido o rechazado. El mejor aprendizaje, por otra parte, se lleva a cabo cuando la persona posee autoconfianza, guía y control, y usted, en calidad de "socio" de la escuela, debe contribuir con su ayuda para que su hijo disponga de esos refuerzos determinantes.

Para que el niño quiera aprender, es preciso inculcarle el estímulo. Es probable que una palmadita en la espalda sea suficiente para que su hijo realice bien las tareas de la escuela.

No debe olvidarse que una palabra de elogio por un trabajo bien hecho es en verdad reconfortante para el pequeño. Transmita a

sus hijos la seguridad de que usted se esmera por ellos. Muéstreles su interés.

Por otra parte, tenga en cuenta que no deben utilizarse patrones rígidos para llevar al niño por el camino del aprendizaje ni reglas que le señalen qué debe y no debe hacer a la edad de ocho años, o a la edad de nueve, u once años.

Algunos pequeños, a la edad de ocho años, no han llegado al mismo grado de desarrollo intelectual o emocional que otros que cuentan con seis años de edad. Otras veces, en cambio, un niño de ocho años puede estar emocional o mentalmente desarrollado al nivel de otro niño que sea dos años mayor que él.

Nada de eso debe sorprendernos porque es normal que así suceda. En general, en esa época de la infancia su hijo ha alcanzado una mayor capacidad de coordinación: los músculos finos han alcanzado su desarrollo, y el niño irradia energía y muestra curiosidad por muy diversos temas.

Si usted refuerza con su ayuda y estímulo esos deseos de conocimiento, su hijo se inclinará por muy diversas aficiones y pasatiempos, y es probable que comience a coleccionar objetos o a realizar determinados proyectos especiales. Tendrá la capacidad de ejercitar algunas de sus aptitudes para las matemáticas y el razonamiento que comienza a desarrollar en la escuela.

ALGO EN QUE PENSAR:
Responda, mentalmente, a los siguientes planteamientos.
- Mi hijo es (igual, diferente) a otros de su misma edad.
- Si mi hijo sabe leer bien, también tiene facilidad para las matemáticas.
- Entre los niños existen diferencias, pero todos tienen las mismas necesidades básicas.

Cómo inculcar en su hijo una buena actitud hacia las matemáticas

Una buena actitud la transmiten los padres por medio de lo que dicen y hacen en su vida cotidiana. No le facilite de antemano a su hijo una excusa para no aprender matemáticas; algo como: "Yo sabía que no puedes ser bueno para las matemáticas, porque yo tampoco lo fui", ¡acabaría con todo intento de superación por parte del pequeño!

En cambio, algo muy distinto sería decirle: "Las matemáticas te parecen difíciles, pero eso no significa que no puedas aprender la parte de matemáticas que vas a necesitar en la vida; yo te ayudaré a ello." Esta actitud sin duda será un apoyo para el niño que tenga problemas con esta materia, porque fomenta en él un concepto positivo y la autoconfianza.

Por otra parte, si a un niño no se le apoya cuando tiene problemas con una materia ni tampoco se hace nada por que reciba estímulos positivos en cuanto al hábito del estudio, es probable que no vea con buenos ojos las obligaciones de la escuela. El niño, en general, necesita que alguien en el hogar lo motive; de tal modo que, si usted muestra indiferencia hacia su comportamiento en la escuela, esta indiferencia se reflejará también en la actitud del niño frente a sus obligaciones escolares.

Los padres transmiten actitudes positivas cuando muestran buena disposición frente a su propio trabajo y obligaciones. Para el niño, el estudio es equiparable al trabajo y las obligaciones de los padres. Hacer la tarea de matemáticas es cumplir con un trabajo. Pensar y razonar equivalen a trabajo. Si los padres se quejan de manera continua de lo mucho que tienen que hacer o de las obligaciones que deben cumplir a diario, inculcarán una actitud negativa en sus hijos. Además, los sermones tampoco son un recurso eficaz. Decirle al niño: "Para cuando entres a la universidad, deberás ser bueno en matemáticas", no sirve de nada; la universidad, desde la perspectiva del niño, está a años de distancia y, si entra a ella o no, es algo que ahora ¡no le importa en absoluto!

Una actitud positiva es importantísima para todo aprendizaje, y, si usted sabe inculcarla en su hijo, éste encontrará que el estudio de las matemáticas es más fácil. Si su hijo está consciente del interés que usted tiene por que aprenda, ello le servirá de motivación y se esforzará con más ahínco.

Cuando sus hijos hayan crecido, usted podrá reflexionar acerca del papel que desempeñó en su educación. Quizá tuvo que regañar un poco, pero prestó su apoyo y su estímulo sin medida.

Y cuando fue preciso, también fue solidario con ellos. Ésa es la labor que realizó, al tiempo que inculcaba en sus niños una actitud positiva frente a las matemáticas, el estudio y la escuela.

ALGO EN QUE PENSAR

Responda, mentalmente, a los siguientes planteamientos.

- La actitud de mi hijo hacia las matemáticas (es, no es) importante.
- (Debo, no debo) decirle a mi hijo que las matemáticas le serán difíciles porque también lo fueron para mí.
- Un padre (razonable, no razonable) ayuda a su hijo con las matemáticas.

Únase al equipo del maestro de su hijo

En ocasiones, su hijo quizá se quejará de su tarea de matemáticas o de lo que tiene que estudiar en esa materia. La mayoría de los niños se quejan de ello.

Por ejemplo, Carlitos suele quejarse con su papá: "Esto ya me lo sé; ¿por qué tengo que seguir haciendo tarea sobre lo mismo?"

Es probable que Carlitos conozca bien el tema, pero su papá no quiere inculcarle una mala actitud hacia el maestro, de modo que le dice: "Estoy seguro de que esto ya lo

sabes; pero, si lo repites, lo aprenderás mejor. Te sirve para no olvidarlo."

Alicia se queja con su mamá de la misma manera. Su mamá le responde: "Sí, estoy de acuerdo; yo también sé cocinar, pero tengo que cocinar a diario, me guste o no me guste. Ciertas cosas es preciso hacerlas. No podemos elegir."

La actitud de la mamá de Alicia le transmite seguridad a la pequeña, pues respalda con su apoyo a la maestra y a la escuela, y este apoyo es importante para el aprendizaje de su hija.

En ocasiones, es fácil que el niño considere a la escuela como si fuera una especie de prisión.

Nadie más que usted, con su propia actitud, es el indicado para cambiar en el niño esa opinión negativa. Haga buenos comentarios acerca de la escuela y de los maestros de su hijo. Ayúdele a comprender que la escuela es un lugar para aprender y enriquecerse intelectualmente, asumiendo la responsabilidad de cumplir ese cometido con los niños.

De todas formas, no olvidemos que, sin duda, en ocasiones también pueden surgir diferencias entre usted y los maestros.

Puede suceder, por ejemplo, que quizá tenga usted la impresión de que la carga de tareas escolares que su hijo lleva a la casa es excesiva. Si esto es así, no pierda la oportunidad de que sea el maestro el primero en enterarse de su opinión al respecto. Es probable que, a menos que usted no tome la iniciativa de conversar con el maestro, éste no tenga otra forma de enterarse del problema. Sin embargo, evite a toda costa comentar con sus hijos las discrepancias que usted pudiera tener con los maestros, es decir, no pelee batallas ajenas.

Preste oídos a los problemas de sus hijos. Usted puede, incluso, decir a su hijo: "Comprendo cómo te sientes", sin dejar de poner en claro, naturalmente, que defiende la posición de la escuela. La cooperación entre la casa y la escuela es de suma importancia para el aprendizaje de su hijo.

Tanto usted como la escuela desean lo mismo para su hijo, de modo que es mucho más fácil trabajar para una meta común. ¡Es de gran importancia que usted forme parte del mismo equipo!

ALGO EN QUE PENSAR
Recapacite acerca de las frases de este texto que indiquen apoyo y solidaridad con el maestro y la escuela.

¡No se alarme!

Si usted ojea con cierto detenimiento el libro de matemáticas de su hijo, ¡es probable que se sienta angustiado! Un libro de cuarto grado de primaria tiene problemas que parecen pertenecer al nivel de secundaria; otro de sexto año ¡parece de universidad!

Es fácil alarmarse ante el contenido de los nuevos textos de matemáticas; en ellos uno encuentra ahora toda clase de símbolos desconocidos. Conceptos como conjunto, subconjunto, factor o segmento pueden

resultarnos extraños a los padres; y lo mismo puede suceder con los métodos de conversión de unidades, que pueden resultar tediosos.

Haga de todo ello una oportunidad de aprendizaje para su hijo y para usted mismo. Deje que él le enseñe a usted; ello será un motivo para que su hijo se sienta importante.

Las matemáticas se enseñan ahora de modo distinto a cuando usted asistía a la escuela. Ahora, los programas de matemáticas tratan de significados y temas de comprensión.

Las matemáticas no son únicamente sistemas de números, sino un lenguaje. Sin embargo, todo esto no debe ser tema de preocupación para usted, porque todavía tiene un importante papel que desempeñar.

Cuando todo se ha dicho y hecho, su hijo aún tiene que aprender a sumar, restar, multiplicar y dividir. Estos métodos tienen que aprenderse de memoria una vez que se ha comprendido el procedimiento.

En ese caso, usted puede prestar su ayuda y solidaridad a su hijo. ¡No se preocupe por la posibilidad de que también usted se equivoque! La memoria se fomenta a fuerza de repetición y ejercicio. Ésta es una manera en que puede ayudar a su hijo.

Si se dirige a su hijo con amabilidad, usted le está ayudando. Si es paciente con él, el niño aprenderá. Si muestra interés y entusiasmo por algo nuevo que su hijo esté aprendiendo, las matemáticas se convertirán en ¡una materia amena y divertida!

ALGO EN QUE PENSAR
¿Ha ojeado usted el contenido del libro de matemáticas de su hijo?
¿Sí?   ¿No?
Revise, mentalmente las frases que indiquen cómo ayudar a su hijo a estudiar matemáticas.

Muestre interés por la tarea de su hijo

La palabra "tarea" puede ser un término de "guerra" para muchos padres. Pero también puede ser un término agradable e interesante. Muchos padres están a favor de la tarea siempre que ésta sea en cantidades razonables. Casi todas las escuelas son partidarias de que el niño haga tareas escolares en casa. En cuanto a los padres, éstos necesitan estar enterados de las expectativas y política de la escuela en ese sentido.

Muchos padres deben repetir a diario:

"¿Tienes tarea que hacer?" "¿Trajiste tu libro para trabajar en casa?"

Establezca un horario fijo para estudiar. De este modo, evitará problemas como los que acabamos de mencionar. Ayude a su hijo a planificar el horario de actividades, dentro del cual la tarea puede situarse en un tiempo antes o después de la comida. Conviene, eso sí, no restar al niño tiempo de juegos y distracción para realizar la tarea ni, por otra parte, dejar ésta para cuando ya está cansado y a punto de irse a la cama.

Si usted programa el tiempo junto con su hijo, éste estará en mejor disposición de hacer su tarea sin protestar por ello. Cuando ambos estén de acuerdo en dedicarle un tiempo fijo, usted evitará tener que regañarle o enojarse para que se ponga a trabajar.

Destine un lugar fijo para el estudio. Debe ser un lugar razonablemente tranquilo y libre de ruidos excesivos. Esto significa que la televisión no conviene que esté prendida en ese lapso.

Tampoco debe estar el resto de la familia conversando o distrayendo la concentración del niño. Se han realizado estudios que han demostrado que el niño puede estudiar en un ambiente ruidoso, pero debe realizar un mayor esfuerzo. A veces, resulta favorable la música calmada y relajante.

Si la tarea la hace su hijo mientras usted cocina, el niño puede encontrar que es agradable trabajar en la mesa de la cocina. Por otra parte, tendrá la ventaja de tenerla a usted cerca, en caso de necesitar su ayuda.

Si su hijo tiene una habitación para él solo, ése es el mejor lugar para la tarea.

Pero el niño que se distrae con facilidad o que tiene tendencia a soñar despierto debe estar cerca de usted cuando sea hora de hacer la tarea, para que usted le infunda ánimo y motivación por el estudio.

Al tiempo que usted, de vez en cuando, echa un vistazo al trabajo del niño, ciertos comentarios pueden ser muy eficaces: "¡Qué tema tan interesante!" o bien "¡Qué buen trabajo estás haciendo!" Un breve elogio, que sea sincero y justo, puede ser extraordinariamente útil para el niño, aunque ¡no conviene excederse!

Revise el trabajo realizado. Aunque es mejor evitar hacer las veces de policía con su hijo, conviene que revise que el trabajo se ha llevado hasta el final. Si, al revisar la tarea,

encuentra respuestas erróneas, es aconsejable que no las señale directamente. Es mejor decir: "Encontré un error. A ver si tú puedes encontrarlo también." Si su hijo no logra detectar el error, entonces puede usted indicarle dónde lo cometió.

Trate por todos los medios de evitar que la tarea llegue a significar un conflicto en la casa. Cada uno de ustedes, padre y madre, junto con sus hijos, necesitan paz y felicidad en el hogar.

ALGO EN QUE PENSAR

Responda, mentalmente, a los siguientes planteamientos.
- Mi hijo debe hacer su tarea, pero ésta debe ser razonable.
- Fijo un horario determinado para la tarea.

No deje que su hijo "se aproveche"

El niño debe practicar en casa las habilidades matemáticas que ha aprendido en la escuela. En estos años de primaria, el niño aprende a resolver problemas que aumentan gradualmente su dificultad.

Los números se hacen más complicados. Las fracciones o quebrados se hacen más difíciles. El niño debe aprender qué es una gráfica y debe ser capaz de hallar el área de un objeto. Así toda la práctica que realice le será de utilidad.

Elena, por ejemplo, tiene un proyecto de matemáticas que debe terminar en casa. Mamá y papá quieren que lo haga lo mejor posible, y la niña quiere ganarse un 10, de modo que los padres terminan por hacer la tarea de Elena. Esta clase de tarea se convierte en un trabajo para los padres, no para la niña.

A Ricardo le ha encargado su maestro otro proyecto de matemáticas en el que debe emplear varios días. Ricardo, en cambio, ha esperado hasta el último día para comenzar a hacerlo, ¡y todo el mundo en su casa tiene que ponerse a trabajar para ayudarle a que termine a tiempo!

Sin duda, habrá escuchado con frecuencia a su hijo decir: "Hice mi tarea de matemáticas durante la hora de estudio, en la escuela", o "El maestro no nos dio tarea hoy".

Es mejor destinar un tiempo fijo para el estudio.

No importa si se trata de trabajo escrito o no. Deje que su hijo lea por el simple placer de distraerse, que trabaje en pasatiempos de su preferencia, o que realice algunas de las actividades de matemáticas que sugerimos en las páginas que siguen a continuación.

¿Le resultan familiares las siguientes frases?: "Mamá, ¿dónde estará mi libro de matemáticas?" "No recuerdo qué me dieron hoy de tarea"...

Así, Roberto corre a llamar por teléfono a un amigo para preguntarle cuál es la tarea pendiente. Los niños en la escuela deben ser capaces de estar atentos a sus obligaciones. Ayude a su hijo a que asuma la responsabilidad de saber cuál es el trabajo que debe hacer y de tenerlo listo a tiempo.

Apoye usted al maestro. Un padre sensato presta su ayuda cuando ésta es necesaria, lo cual no significa que deba hacer el trabajo por el niño. ¡No deje que su niño "se aproveche" para que termine usted haciendo su trabajo!

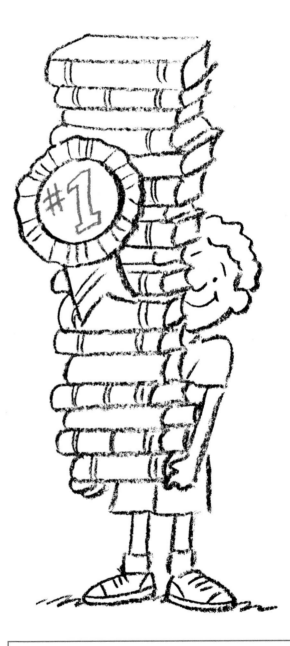

ALGO EN QUE PENSAR
Revise las frases que indiquen qué debe y qué no debe hacer un padre sensato.

Ayude en la solución de problemas

Resolver un problema con planteamiento largo es más difícil para un niño que encontrar la solución a meras operaciones. El planteamiento del problema requiere razonar. Son varias las cosas que usted puede hacer en caso de que su hijo tenga dificultades para resolver el planteamiento de un problema.

Suponga que el problema dice: Juanita debe leer 135 páginas de un libro que tiene un total de 320 páginas. ¿Cuántas páginas le faltan por leer para terminar todo el libro?

Su hijo escribe las dos cantidades y las suma; el resultado que obtiene es de 455.

¿Qué debe hacer usted? Recuerde hacerle tres preguntas:

1. ¿Qué DICE el problema? (Deje que su hijo lo explique con sus propias palabras.)

2. ¿Qué PREGUNTA el problema? (Usted podrá darse cuenta de si lo ha comprendido.)

3. ¿Crees que tu respuesta debe ser un número MAYOR o un número MENOR? (Explíquele que si queremos un número MAYOR, sumamos o multiplicamos. Si queremos un número MENOR, restamos o dividimos.)

Quizá, la propia Juanita podría decirle

¿MULTIPLICAMOS?
¿DIVIDIMOS?

que lo que se debe hacer, en este caso, es restar.

Suponga que el problema tiene más de un paso. Ramón ayudó a su papá a empacar huevo para venderlo en el mercado. Ramón empacó ocho docenas y su papá empacó siete docenas. ¿Cuántas unidades empacaron entre los dos?

Si su hijo tiene dificultades con este problema, guíelo paso a paso:

"¿Cuántas unidades son ocho docenas?"

"¿Cuántas unidades son siete docenas?"

"¿Qué hacemos a continuación?"

Decirle al niño cómo resolver el problema no le sirve de ayuda. En cambio, enseñarle al niño a razonar y a seguir el proceso que lleva a la respuesta es ayudarle a desarrollar una habilidad que le será útil en adelante.

Con paciencia y comprensión, siga el método de hacer las tres preguntas que recomendamos anteriormente. Cuando su

hijo dé la respuesta, llegará por sí solo a la solución. Cuando el niño le dé las respuestas dígale: "¡Exacto!", o "¡Muy bien!", o "¡Muy bien razonado!" Cualquier palabra de aprobación por parte de usted servirá para que su hijo sepa que usted está satisfecho.

Esto le inculca la confianza necesaria para lograr el éxito.

ALGO EN QUE PENSAR
  Pruebe estos conceptos:
  • Voy a tratar de ayudar a mi hijo a resolver problemas con planteamiento largo por medio de las preguntas que aparecen en estas páginas.
  • Voy a elogiar a mi hijo cuando lo merezca.

Dígale a la "computadora" qué debe hacer

Juegue con su hijo el "juego de la computadora". He aquí otra manera con la que los padres pueden ayudar a sus hijos a la solución de problemas en matemáticas. Además de que se sale de la rutina, añade diversión a la tarea.

Suponga que Miguel está haciendo su tarea de matemáticas. Tiene ante sí toda una página de problemas con planteamiento largo

por resolver. Y empieza a tener dificultades; pero usted desea ayudarle.

Le dice a Miguel que, para resolver problemas de matemáticas, puede usarse una computadora. Sin embargo, la máquina no puede resolver el problema, a menos que la alimentemos con los números o datos correctos. A continuación, pídale a Miguel que lea uno de los problemas:

Marta tiene 42 caramelos y 6 bolsas para empacar. Desea empacar los dulces de modo que en cada bolsa haya la misma cantidad de ellos. ¿Cuántos caramelos pondrá Marta en cada bolsa?

Mamá: "¿Qué necesita saber la computadora?"

Miguel: "Que tenemos 42 caramelos y seis bolsas."

Mamá: "¿En qué tecla debemos hacer clic, en la de sumar, en la de restar, en la de multiplicar o en la de dividir?"

Miguel: "En la de dividir."

Mamá: "¿Y qué respuesta nos dará la computadora?"

Miguel: "Siete caramelos."

Mamá: "¡Correcto!"

Si Miguel no da la respuesta correcta, su mamá le dice: "Piensa de nuevo." Si tampoco en el segundo intento encuentra la respuesta, ayúdele preguntándole: "¿Debe la respuesta ser un número mayor que 42 o menor?" "¿Qué hacemos cuando queremos un número menor?"

Mamá guía a Miguel a pensar con claridad, y Miguel se siente satisfecho, porque sabe que su mente está trabajando. ¡Está aprendiendo!

Sucede con frecuencia que el niño, para resolver un problema, se centra únicamente en los datos numéricos, y escribe éstos en el papel sin pensar en lo que dice el planteamiento del problema y en lo que le pide que resuelva.

Anime a su hijo a razonar de manera ordenada y a que "le hable a la computadora". Todo esto le servirá de gran ayuda.

ALGO EN QUE PENSAR
Responda, mentalmente, a lo siguiente:
- Entiendo el funcionamiento del "juego de la computadora".
- Pienso que con este juego mi hijo aprende a resolver los problemas de planteamiento largo.

Fomente la creatividad de su hijo

Los mayorcitos se divertirán construyendo ellos mismos problemas de planteamiento largo, lo cual constituye un excelente ejercicio de razonamiento. Aprenden así a plantear un problema y a ponerlo por escrito y, además, enriquecen mediante la práctica los conocimientos de matemáticas que han adquirido en la escuela.

Anímeles a que no planteen problemas demasiado fáciles, y no señale con énfasis excesivo los errores que cometan. Si se centra en sus errores, ellos reaccionarán retrayéndose y negándose a seguir planteando problemas por sí mismos.

Recuerde que lo que trata de desarrollar en ellos es el razonamiento, de modo que si los reprende por su ortografía o su redacción, no hará sino obstaculizar su creatividad. Aunque, claro está que, si usted desea después mostrar ese trabajo de sus hijos a alguien más, puede pedirles que lo copien con buena caligrafía y ortografía.

Su hijo puede construir un problema como el siguiente:

La distancia entre mi casa y la casa de mi abuelita es de 130 kilómetros. Si el auto de mi papá va a una velocidad de 70 kilómetros por hora, ¿en cuánto tiempo llegaremos allí?

En lugar de decir: "Plantea algunos problemas", es mejor proporcionarle al niño herramientas para el arranque. Recorte ilustraciones de revistas y folletos publicitarios; los catálogos para ventas por correo también contienen mucho material que usted puede aprovechar. Guarde los recortes en una bolsa y deje que el niño seleccione las ilustraciones y fotografías que prefiera para construir los problemas que su imaginación le dicte.

No olvide elogiar a su hijo una vez haya planteado un problema de su creación. ¡Premie el razonamiento!

En general, el niño aprende pronto a sumar y a restar. Con un poco más de esfuerzo, no tardará en multiplicar y dividir; pero la complicación surge cuando el pequeño tiene que discurrir la manera de resolver un problema. Si el niño se ejercita construyendo este tipo de problemas sencillos, le resultará más fácil comprender las bases de la aritmética.

Sin duda, el niño encontrará divertido construir un problema que usted deba resolver. ¡Incluso él podría ponerle en un verdadero aprieto! No debe sorprenderse si esto llegara a suceder. La emoción de un reto como éste ¡hará volar su imaginación!

ALGO EN QUE PENSAR
¿Qué sugerencias de estas páginas cree convenientes para que su hijo pueda por sí solo "construir" un problema de matemáticas?

Despierte en su hijo el interés por las matemáticas

A los niños les encanta aprender lo nuevo. También gustan de contribuir con conocimientos nuevos que puedan ponerse en práctica, y hay muchas formas de estimular ese interés.

Es probable que a su hijo le guste el fútbol, por ejemplo, y que pase gran parte de su tiempo ensayando buenos "tiros" e imitando a sus ídolos. Es probable también que estos ídolos, de quienes sin duda conocerá bien sus nombres, sean tema de conversación constante para él, así como el número de goles que han marcado. Todo ello es un buen motivo para estimular al niño a llevar a cabo sumas de los goles de cada jugador y la comparación de los totales entre unos y otros.

Deje que los niños participen en la administración.

Teniendo en cuenta que usted tiene cierta cantidad de dinero destinada para los gastos, permita que los niños participen en la decisión de cuánto de ese dinero debe destinarse para las compras diarias y cuánto se dedicará a otros fines. Si tiene varios hijos, quizá alguno necesite cierta cantidad para transporte u otros gastos. Deje que los pequeños dividan para ver cuánto corresponde a cada quién.

**A los niños también
les gusta verificar las cuentas.**

Pídale a su hijo que practique la suma mediante la tira de la cuenta del mercado. Propóngale que la verifique. Si tiene hijos mayorcitos, podrán verificar el importe del IVA practicando la multiplicación.

**Ponga a sus hijos en
contacto cercano con la vida real.**

Conserve las notas de pago de sus compras en almacenes y otros. A fin de mes, pídale a su hijo que calcule el importe total de las compras domésticas. A esa cuenta, pueden añadirse los pagos de servicios, como agua, luz, gas, teléfono, renta, u otros. El niño puede incluso llevar la cuenta de los gastos anuales. ¿No le parece una buena oportunidad para que su hijo ponga en práctica las matemáticas que aprende en la escuela?

**Compare con sus hijos los
precios cuando haga las compras.**

Pídales a sus hijos que averigüen cuál es la marca que ofrece mayor cantidad de chícharos, por ejemplo, por más dinero.

Y haga lo mismo con el cereal para el desayuno, el detergente u otros artículos que su familia consume con frecuencia. Los niños deberán observar los datos del pesaje que se indica en el envase, a la vez que calcular cuál es el precio por kilogramo del artículo.

**Plantéeles a sus hijos
preguntas prácticas.**

¿Cuánto nos ahorramos al comprar una bolsa de cuatro kilogramos de detergente, en lugar de comprar dos bolsas de dos kilogramos cada una? ¿Gastamos menos comprando cinco kilos de papas que si compramos un kilo cada día? ¿Si compramos papaya en lugar de manzanas? Anime a sus hijos a que lleven a cabo las comparaciones de cantidades y precios y que pongan en práctica las matemáticas que aprenden en la escuela.

Utilice la televisión.

Asígnele a sus hijos cierta cantidad de tiempo al mes o a la semana para ver televisión. ¿Cuántas horas de televisión ven a la semana? ¿Cuántos minutos duran los comerciales de su programa favorito?

Pueden utilizar la guía de programas de televisión o los periódicos para calcular cuánto duran sus programas preferidos. Pídales también que adivinen los precios de los productos que anuncian en los comerciales de la televisión y que sumen sus cantidades.

ALGO EN QUE PENSAR

En estas dos páginas se dan seis sugerencias para que su hijo ponga en práctica sus conocimientos de matemáticas. Elija tres de las propuestas que a usted le parezcan más fáciles de realizar.

La cocina es un lugar excelente para aprender matemáticas

El tiempo que usted pasa en la cocina puede aprovecharse al máximo para ayudar a los niños a practicar las matemáticas. A la vez que ahí hace su trabajo cotidiano, haga uso de ese tiempo con sus hijos.

Además, no le quitará más tiempo que el que emplea para decirle, por ejemplo, al menor de sus hijos: "Vete a tu cuarto y déjame trabajar", o "¡Deja de molestar a tu hermana!"

El libro de recetas de cocina es de gran utilidad para practicar las fracciones y las operaciones de pesas y medidas. Suponga que está cocinando unas galletas. En su receta se requieren los siguientes ingredientes:

1/2 taza de mantequilla,
2 tazas de harina,
3 cucharadas de cacao en polvo,
3/4 de taza de leche.

Deje que sea su niño quien mida las cantidades. También le puede pedir que multiplique por 2 las cantidades de la receta o, en cambio, que las divida por 9.

La mejor forma de que sus niños aprendan

consiste en encargarle toda la tarea, lo cual exigirá también medir el tiempo y dejar luego la cocina limpia: esto significa que el niño también aprende a ser responsable y a sentirse útil y necesario.

Sus hijos se divertirán si les permite planear las actividades que vayan a realizar en días especiales.

Supongamos que tiene que preparar un montón de sandwiches para una pequeña excursión al campo. Su niño puede trabajar en el cálculo, por ejemplo, de la cantidad de pan que van a necesitar para todos.

Hágale preguntas como las siguientes:

"¿Cuántas latas de atún debemos comprar para preparar 24 sandwiches, si vamos a llenar 6 de ellos con cada lata?" "¿Qué más necesitaremos?" "¿Cuánto nos costarán?"

Una forma más de enseñar matemáticas.

De manera fácil, enséñele a sus hijos a discurrir y a razonar.

La mamá de Martita está preparando la comida de la semana para todos y le pide a la niña que haga la lista de la compra de comestibles. Mamá ayuda a decidir cuál será el menú de cada día.

Martita, por su parte, decide qué cantidad de alimentos deberá comprarse. Y, para ello, piensa, escribe, calcula. Martita está haciendo un trabajo útil ¡y su mamá hace que la niña se sienta satisfecha de ello!

Con las actividades diarias surgen a cada momento ocasiones de poner en práctica ese tipo de ejercicios para los niños. Veamos: Usted tiene un litro de leche que debe repartir entre cuatro niños. Dividiendo ese litro entre cuatro, nos dará el resultado. Tenemos tres manzanas para seis personas, y una tarta para siete: "¿Cómo repartiremos las manzanas?", "¿Cómo repartiremos las tartas?", "Llena, por favor, esta cacerola con seis tazas y media de agua."

Las oportunidades para practicar matemáticas ¡son infinitas!

ALGO EN QUE PENSAR
¿Está usted de acuerdo con los planteamientos siguientes?
- Voy a poner en práctica algunas de las sugerencias que se mencionan aquí cuando esté en la cocina.
- Son muchas las maneras que tengo de enseñarle a mi hijo a razonar en matemáticas.

Enseñe por medio de tarjetas

Cómo hacer las tarjetas.

Si Alicia tiene dificultades con las operaciones aritméticas, enséñele a practicar con los números por medio de tarjetas. De una cartulina, recorte rectángulos de 15 x 20 cm aproximadamente. En una de las caras de la tarjeta Alicia debe escribir el planteamiento de la operación que se le pide. En el reverso, escribirá luego el planteamiento de la operación junto con el resultado (véase ilustración pág. 131). Aprenderá aritmética a medida que rellene las tarjetas.

"Una mirada" y "dos miradas".

Haga dos montones con las tarjetas. Uno de los montones estará formado por las tarjetas de "una mirada", y el otro por las tarjetas de "dos miradas". Los números que se le muestran al niño para que dé una respuesta rápida formarán parte del montón de "una mirada". Los números que requieren más tiempo para pensar y responder pasarán a formar parte del montón de "dos miradas". El objetivo es que el montón con tarjetas de "dos miradas" disminuya cada día más.

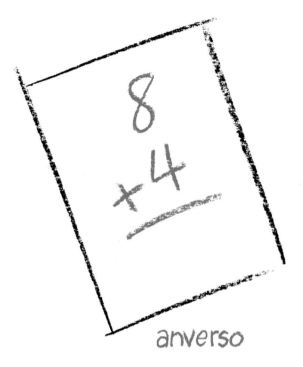

anverso

reverso

Una variante de este ejercicio consiste en lo siguiente:

Papá escoge una tarjeta y le pide a Luis que construya un problema real utilizando los datos que se hallan en la tarjeta.

Por ejemplo, papá puede elegir la tarjeta que tiene escrita la operación de 4 x 9. Luis tendrá que pensar. Planteará algo como: "Si tenemos 4 canastas con 9 manzanas en cada canasta, ¿cuántas manzanas tenemos en total?" Papá elige ahora la tarjeta que marca 42 dividido por 6, y de nuevo le pide a Luis que piense en voz alta: "Si tengo 42 caramelos que quiero repartir entre 6 amigos, ¿cuántos caramelos recibirá cada uno de ellos?" El papá deberá felicitar a Luis por su buen trabajo. "¡Qué excelente problema!" o, "¡Muy bien pensado, Luis!"

El papá de Luis es un buen maestro que, además, elogia el buen trabajo. Le ayuda a su hijo a entender qué significan los números. Puesto que es una actividad muy necesaria en la vida, el papá sabe que Luis tendrá que

aprender a resolver problemas. Además, Luis está adquiriendo una práctica excelente en el razonamiento matemático. Debe plantear el problema y, luego debe hacer la pregunta. Por supuesto, el papá es amable y paciente con él, porque, de lo contrario, la experiencia no serviría de mucho.

Unos minutos con su hijo son suficientes para que aprenda. Diviértase con ello y goce mientras le enseña a su hijo. ¡No permita que su tarea se convierta en una actividad monótona! El aprendizaje debe ser divertido para el niño.

ALGO EN QUE PENSAR

Seleccione tres o cuatro actividades de Andrés y su papá que muestren que ambos llevan a cabo un buen trabajo como maestro y alumno.

Diversión con los números

Puesto que usted desea ayudar a su hijita a recordar las operaciones aritméticas, permítame insistir en que es muy importante para ella entender qué significa cada tipo de operación. En la escuela, quizá le enseñen esto de manera diferente, pero, a fin de cuentas, todo niño necesita comprender la relación que existe entre estas operaciones.

Escoja dos números por debajo de 10, y dígale, por ejemplo: "Dime todo lo que sepas acerca del 6 y el 7." Si Marta está aprendiendo a sumar y a restar, es probable que escriba lo siguiente:

6 + 7 = 13;   7 + 6 = 13;
13 − 6 = 7;   13 − 7 = 6

Anime a la niña a escribir cada cifra dentro de una cuadrícula; de esta manera no tardará en aprenderse de memoria el método.

Martín quizá esté aprendiendo a dividir y multiplicar, de modo que dará ocho posibilidades de combinación de números, las cuáles serán fáciles o difíciles; usted sabe qué debe esperar de su hijo. ¡Y no olvide elogiar el buen razonamiento!

Haga otro intento con una cifra de dos dígitos. Pregúntele, por ejemplo: "¿Cuántas posibilidades tienes de combinar las cifras para que te dé 24 (o cualquier otro número) como respuesta? Puedes sumar, restar, multiplicar o dividir."

Su hijito puede trabajar largo rato con todo esto, y puede construir toda clase de ejemplos. ¡Inténtelo una sola vez y sin duda volverá a intentarlo de nuevo! ¡Es una práctica excelente!

Utilice juegos de naipes viejos.

Prepare para la clase de matemáticas un montón de cartas que contengan los diversos

números de la baraja. Conviene que use un juego viejo de naipes; no importa si está incompleto.

A continuación, separe otro montón en cada una de cuyas cartas habrá dibujado los diversos signos aritméticos, es decir: (+) (−) (x) (÷). Reparta a cada persona una carta que contenga el signo (=) y baraje las cartas que tengan escritos los números.

Cada jugador saca una carta del montón de los signos aritméticos. Si María puede formar una combinación con los números de sus cartas, la muestra para que todos la vean. Si sacó una carta con el signo de (+) del montón de los signos aritméticos y en su mano tenía las cartas con los números siguientes:

María arma la siguiente combinación:
9 + 4 = 13

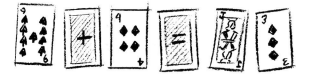

Si un jugador no puede formar combinaciones, pasa. Por cada combinación correcta se le dará un punto al jugador y, por lo tanto, la persona que acumule más puntos será el ganador. El juego continúa hasta que alguien se queda sin cartas.

Para reiniciar, se barajan las cartas de nuevo y se forman los montones. Los niños disfrutarán la sorpresa de sacar del montón las cartas con los signos aritméticos que dicen si hay que sumar, restar, multiplicar o dividir.

Conviene repartir unas nueve cartas por jugador. Cada vez que juegue un niño puede sacar una carta del montón.

Este divertido juego puede jugarlo toda la familia, y los niños más pequeños pueden ganar un punto cada vez que logren sacar baza, que consiste en sacar cuatro cartas con el mismo número.

Este juego, además de que es divertido y didáctico, fomenta la armonía en la familia. Los niños aprenden con más facilidad, y ¡las matemáticas se convierten en un juego emocionante!

Aprovechar una tarde lluviosa para estos juegos resultará divertido para los niños. Prepare problemas más difíciles para los más mayorcitos, y los fáciles déjelos para los más pequeños.

Estimule la práctica de juegos didácticos

Si sus hijos necesitan práctica con las operaciones de aritmética, le sugiero los siguientes juegos:

Cruzar el río.

Con papel reciclable o de periódico, haga recortes en forma de roca y deposite sobre cada uno de estos recortes una tarjeta conteniendo una operación aritmética. Coloque los recortes en forma de roca repartidos a una distancia entre uno y otro aproximada a lo que abarca el paso de su hijo. El niño pasa de una roca a otra a medida que encuentra la respuesta a las operaciones aritméticas. El ganador es quien logra atravesar el río ¡sin caer al agua por un error de aritmética!

La escalada.

Este juego se juega igual que el de la "escalera", con la única diferencia de que, en este caso, las operaciones aritméticas están escritas en una línea (véase ilustración aquí abajo) y no en dos, como sucede con las cartas.

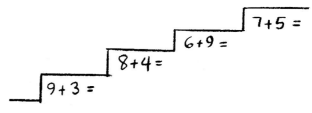

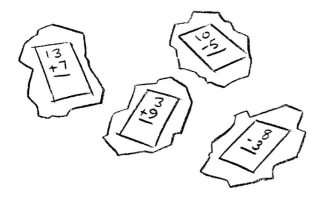

Escalera.

Si su hija necesita práctica con las operaciones aritméticas, es muy recomendable el juego de la escalera.

Coloque cartas con operaciones aritméticas en línea recta, una tras otra (véase la ilustración arriba a la derecha), y deje que ella comience a resolver las operaciones desde la primera carta que está hasta abajo de la escalera, para que vaya, carta tras carta, remontándose por ella. Si se equivoca, cae hasta abajo y vuelve a empezar. En ese caso, reacomode las cartas e invítela a que comience de nuevo a subir la escalera.

El gato.

Para este juego, conviene que jueguen dos niños.

En una cartulina dibuje la cuadrícula de un juego del gato (debe tener nueve cuadrados). Repártale a uno de los niños cinco cartas, marcadas con una "X" en una de las caras.

A otro niño, repártale otras cinco cartas marcadas con un "0" en una de las caras. También se puede jugar con un solo niño, pero entonces usted deberá ser su compañero de juego. Los dos niños, Pedrito y Pablo, habrán dibujado en tarjetas de 10 x 15 cm el planteamiento de las diversas operaciones aritméticas, es decir, sumas, restas, multiplicaciones y divisiones, todas ellas sin la respuesta.

Pedrito debe sacar una carta; si conoce la respuesta de la operación que se halla en esa carta, debe colocar una "X" en una de las cuadrículas de la cartulina.

Cuando Pablo saque una carta, si conoce la respuesta, colocará un "0" en una de las cuadrículas de la cartulina. Cuando alguno de los dos no conozca la respuesta deberá esperar a la siguiente vuelta.

El ganador será aquel que logre completar una línea continua de "X" o de "0", ¡tal y como se juega el antiquísimo juego del gato!

Utilice dominós con sus hijos.

¿Ha jugado alguna vez dominó con sus hijos? Es un juego muy divertido que permite que toda la familia participe. Además, le ayuda al niño a aprender a sumar.

Si no lo ha intentado, no deje que pase un solo día más: compre un dominó y aprenda las instrucciones de juego que deben hallarse impresas en la caja; también puede preguntar a los abuelos cómo se juega, pues es casi seguro que ellos son expertos en el juego y les complacerá jugar con sus nietos.

El dominó también sirve para otras cosas. Pídale al niño que escoja una ficha de dominó del montón. Supongamos que Javier elige:

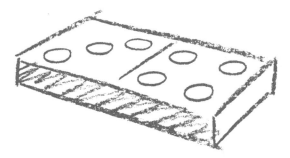

Usted le dice a Javier: "Dime todas las posibilidades de combinación de los números de la ficha."

Y Javier dirá:

$$3 + 4 = 7 \qquad 4 + 3 = 7;$$
$$7 - 4 = 3 \qquad 7 - 3 = 4$$

Si el niño ha estudiado ya la multiplicación y la división, deberá añadir lo siguiente:

$$3 \times 4 = 12 \qquad 4 \times 3 = 12$$
$$12 \div 3 = 4 \qquad 12 \div 4 = 3$$

He aquí las posibilidades de combinar las cifras mediante un juego por el cual el niño aprende.

También puede pedir al mayor de sus hijos que arme y dibuje, para sus hermanos más pequeños, rompecabezas de números. Unos y otros se beneficiarán.

ALGO EN QUE PENSAR

¿Qué juegos ha intentado?

- ¿Ha jugado dominó con sus hijos?
- ¿Ha jugado el gato con sus hijos?
- ¿Ha jugado escalera con sus hijos?

Escoja los juegos que le gustaría jugar con su hijo.

Magia y trucos con el calendario

Los trucos de magia les encantan a los niños. Pruebe éste con sus hijos. Además de que es divertido, les proporciona una amplia oportunidad de práctica de las operaciones de suma o adición.

Para este truco necesita un calendario viejo, es decir, de años pasados. Pídale a su hijo que con un marcador señale un cuadrado que abarque tres fechas en cada uno de sus lados. El cuadrado comprenderá tres cuadrículas con tres fechas en cada lado, es decir, un total de nueve fechas.

Una vez señalados los cuadrados con el marcador, quedarán como se muestra en la ilustración:

Hechos los cuadrados, dígale a su hijo: "Dime cuál es la cifra más baja de entre todas las fechas de tu cuadrado y te diré cuánto es

el total de todos los números antes de que tú empieces a sumarlos." ¡Su hijo no lo creerá!

¿En qué consiste el misterio? A la cifra más baja de todas súmele 8. Multiplique la suma por 9. El resultado corresponde al total de la suma de los nueve números del cuadrado.

Observe el cuadrado de la izquierda, en el que el 4 es el número más bajo de todas las cifras. A 4 se le suman 8 y el resultado se multiplica por 9.

$$4 + 8 = 12 \qquad 12 \times 9 = 108.$$

La suma de las nueve cifras que conforman el cuadrado es de 108. Puede continuar la magia con las demás hojas del calendario.

Veamos el cuadrado de la derecha: El número más bajo es el 1. A 1 se le suman 8 y nos da 9; $9 \times 9 = 81$. Si su hijo suma los números del cuadrado, obtendrá un total de 81.

Lleve a cabo este truco cuantas veces lo desee y, por último, muéstrele a su hijo en qué consiste el truco.

Así, pues, guarde los calendarios obsoletos. Sin duda, su hijo se divertirá practicando con sus amiguitos, además de que se ejercitará en la suma y multiplicación.

Existen muchos trucos con los números que podemos practicar en la casa. A los niños les fascinarán.

ALGO EN QUE PENSAR

¿Qué opina usted? ¿Cree que es una buena idea usar el truco del calendario para aprender aritmética? ¿Es conveniente guardar los calendarios y enseñarle el secreto del truco a su hijo?

DIVERSIÓN CON LAS MATEMÁTICAS   137

¡A tomar medidas!

Su hija se divertirá midiendo todo lo que encuentre a su paso. Para ella significa descubrir; además, si utiliza las matemáticas que aprende en la escuela, le resultará más fácil.

¡La casa es todo un mundo de cosas que pueden medirse!

Veamos: mamá le pide a Laurita que mida la altura y anchura de los muebles de la casa: mesas, sillas, estufa, cama, lámparas. Y también le pide que mida los objetos pequeños: un lápiz, un libro, el cepillo de dientes, el peine.

Papá, en cambio, le pide a Antonio que mida objetos grandes, y Antonio se dedica a medir la longitud y altura de las paredes de todas las estancias de la casa.

Papá le ha pedido a Antonio que mida

todas las dimensiones de la casa, el terreno, la distancia de la casa a la calle, el perímetro del árbol de la acera, ¡la lista es interminable!

La mamá de Óscar quiere que se midan él y sus hermanitos. Manos a la obra, han medido su estatura y cuántos centímetros tiene la cintura de cada uno de ellos.

También han medido cuál es la longitud de sus pasos y la distancia de sus saltos de longitud. Además, la longitud de su brazo, de sus pies, la anchura de sus manos...

¡Todo esto ha contribuido a la diversión de esta tarde!

Además, Óscar y sus hermanos están aprendiendo a trazar gráficas, de modo que su mamá les pide que tracen una gráfica de toda su familia, en la que muestren la estatura de cada uno de sus componentes.

En un día asoleado, pídales a sus hijos que midan la longitud de sus sombras, y que tomen las medidas en diversas horas del día. Una vez llevadas a cabo las mediciones, pídales que las transcriban en forma de gráficas de barras.

Entre las unidades de medida figuran: una cucharada, una taza, un cuarto de litro, un kilogramo, dos litros. Si cuenta con una báscula de cocina, utilícela para el peso de diversos alimentos.

¡No es difícil que sus hijos encuentren que aprender aritmética es una cosa divertida y una verdadera aventura! Un papá sensato utilizará la curiosidad natural del niño para aprender.

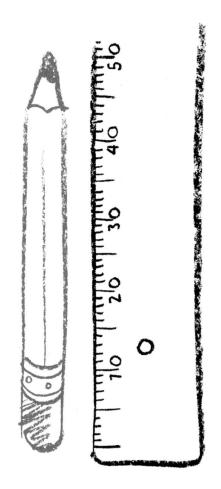

ALGO EN QUE PENSAR
Los papás de Laurita, Antonio y Óscar dejan que los niños midan multitud de objetos. Seleccione usted también objetos que en su opinión son adecuados para que su hijo los mida.

Cálculos aritméticos rápidos

Atención a las decenas.

Su hijo debe prestar atención a las pistas que se le dan. Las respuestas deben darse en decenas. Pregúntele algo como:

"¿Cuál es...?"

la decena más alta anterior a 40?
la decena entre 70 y 90?
la decena anterior a 80?
la decena más alta anterior a 100?
la decena que le sigue a 50?

Sigue las instrucciones.

Dígale a su hijo que usted escribirá mientras él piensa. Pero dé las instrucciones de forma que sean lo suficientemente fáciles para que pueda seguirlas. Sin embargo, no deben ser tan excesivamente fáciles que impidan que el niño discurra lo necesario.

Las instrucciones deben darse como sigue:

"Comienza con 2 (pausa); súmale 8 (pausa); réstale 5 (pausa); multiplica por 6 (pausa); divide por 5 (pausa); súmale 4. ¿Cuál es tu resultado?"

Repita el juego varias veces, y sea tan rápido como su hijo pueda serlo. Los niños más mayorcitos podrán seguir el juego llevando a cabo operaciones con dos dígitos.

¡Y no olvide elogiarlos cuando den la respuesta correcta!

Solución de problemas.

Su hijo debe escuchar el planteamiento del problema que usted proponga. Pídale que la respuesta la dé sin el uso de lápiz ni papel. Idée usted mismo los problemas o léalos de un libro de aritmética.

Un ejemplo podría ser:

"Jaime tiene 16 lápices.
Si en el camino a casa pierde 7,
¿cuántos le quedarán?"

Su hijo debe discurrir a la vez que calcular la respuesta.

Construya un esquema.

Dígale a su hijo lo siguiente: "Los números que voy a darte forman un esquema. Debes prestar atención y, cuando yo te dicte otra cifra, debes tratar de adaptarla al mismo esquema que te doy."

Díctele varios números en orden correlativo, como "7, 8, 9, 10, 11. Tu número es 18." (Su hijo debe poder recitar: "18, 19, 20, 21, 22.")

Los esquemas que proponga deben ir aumentando poco a poco en dificultad. Por ejemplo, puede proponer: "4, 6, 8, 10. Comienza con 14." (Su hijo debe percatarse de que usted está contando de dos en dos.)

Si su hijo está aprendiendo a multiplicar, forme un esquema más difícil, como, por ejemplo: "4, 8, 12, 16. Tu número es el 6." (El niño debe añadir números de 6 en 6, o multiplicar por 6.)

Un poco más difícil y más divertido para los mayorcitos sería un esquema como el siguiente: "3–6. 6–12. 12–24. Comienzas con 2." (El niño debe multiplicar cada número por 2.)

Prepare algunos de estos esquemas por

escrito y haga la prueba con su hijo para mejorar sus habilidades aritméticas.

¿Fácil o difícil?

Para agudizar la mente de su hijo, haga lo siguiente: El juego consiste en que usted recite en voz alta una serie de números, y su hijo escuche con atención y luego los repita. Comience recitando una cifra de cuatro números... 2785. Luego, añádale un número más. Si su hijo no tiene dificultades en recordar una cifra de cinco números, añádale uno más. Continúe así hasta que el niño ya no pueda repetir las cifras correctamente.

Resulta más sencillo si las cifras se dan de manera parecida a como memorizamos los números telefónicos 599.37.06.

ALGO EN QUE PENSAR
En estas páginas se enumeran cinco actividades para desarrollar las habilidades aritméticas. Seleccione aquellas que considere fáciles para llevarlas a la práctica con su hijo. Guarde las difíciles para jugar con los más mayorcitos de sus hijos.

Ayude a su hijo a entender las operaciones con el dinero

Son muchas las cosas que su hijo puede aprender acerca del dinero. Por supuesto, sabe que es indispensable para comprar cualquier objeto. Pero, ¿sabe, también, cuánto gasta en realidad? ¿Sabe contar lo que le regresen de vuelto?

Practique con él la forma de contar el vuelto de un pago por alguna compra. El dinero de juguete puede servir para ese propósito y las operaciones que usted

lleve a cabo dependerán del grado de conocimiento que él tenga de los números.

Puede comenzar diciéndole: "Muéstrame de cuántas maneras puedes combinar monedas para juntar cinco pesos."

Pídale que las diversas formas de juntar esa cantidad las ponga por escrito sobre papel. Así podrán revisar todas las formas posibles de combinaciones.

Al más pequeño de sus hijos puede

pedirle: "¿De cuántas maneras puedes combinar monedas hasta reunir 80 centavos?"

Si tiene hijos entre los siete y los nueve años se divertirán montando una tienda. Para ello le servirán varias latas de conserva y envases vacíos de alimentos.

Usted puede ser el cliente de la "tienda de abarrotes" y su hijo el tendero. Le puede comprar tres latas de puré de tomate, a 3.90 pesos cada lata. Páguele al "abarrotero" 15 pesos y espere que le devuelva el cambio.

Para los niños que necesiten más práctica conviene plantearles problemas más fáciles. Los mayorcitos pueden multiplicar en lugar de sumar para obtener el total de la cuenta de las "compras"; por otra parte, cómprele una mayor cantidad de artículos a su hijo mayorcito y menos artículos al menor de los niños.

También puede cambiar el rol de comprador a vendedor y utilizar los anuncios de comestibles en los periódicos, marcando con un círculo los artículos que desee que su hijo le compre.

Haga que practique la operación de devolver el cambio de un billete de veinte pesos, o incluso de más, dependiendo de la edad del niño.

Plantéele a su hijo problemas que requieran el uso de diversos signos, cifras y unidades de peso y medida: "Necesito 5 litros de pintura acrílica; déme cambio de este billete de 500 pesos."

Usted puede construir docenas de distintos problemas para que su hijo practique las operaciones con el dinero.

ALGO EN QUE PENSAR
Elija una o más maneras que usted considere convenientes para que su hijo practique las operaciones con dinero.

Utilice mapas, anuarios, almanaques

Los mapas ofrecen una excelente oportunidad de practicar la aritmética y el razonamiento. Proporciónele a su niño una regla y pídale que mida distancias en un mapa de carreteras.

"¿Cuántos kilómetros hay de San Luis Potosí a Monterrey?" "¿Cuántos de Puebla a Veracruz?"

Para plantear problemas aritméticos, utilice situaciones de la vida real. Por ejemplo:

"¿Qué distancia recorremos si para ir a visitar a tu tía Rosita, en Cartagena, pasamos por Medellín? ¿Hay una ruta más corta para llegar a Cartagena?"

Los mapas de carreteras, que tienen las distancias marcadas entre una población y otra, sirven para que su hijo pueda sumar las diversas distancias del recorrido planeado, y también restar para comparar cuál es el recorrido más corto. Para ello es necesario discurrir y desarrollar habilidades para la solución de problemas.

Los anuarios y almanaques son utilísimas publicaciones que incluyen un sinfín de datos numéricos y, por lo tanto, constituyen una riquísima fuente de motivación para la práctica de la aritmética. Consulte en ellos, junto con su niño, el número de habitantes de diversas poblaciones, por ejemplo, y

"¿Cuántos grados debe descender la temperatura para que empiece a helar?"

Pídale a su hijo que escuche el boletín meteorológico y luego le haga un resumen a usted de los datos más importantes. A la vez que el pequeño enriquece su práctica con los números aprende geografía.

Los mapas de las zonas climáticas proporcionan la ocasión para el planteamiento de numerosos problemas.

compare las cifras. Plantéele preguntas del tipo de las siguientes:

"¿Qué ciudad está más poblada, San José, Costa Rica, o Guatemala, Guatemala?"

"¿Cuál sería el total del número de habitantes de seis ciudades de las mismas dimensiones que Lima, Perú?"

"¿Cuáles son los diez países más poblados del mundo?"

Otro instrumento ideal para la práctica de los números lo constituyen los calendarios. Problemas amenos acerca de situaciones reales le ayudarán a su hijo:

"¿Cuántos días faltan para que cumplas 14 años?"

"Mi edad es de 34 años, dos meses y cuatro días, ¿cuántos días he vivido en total?"

"Tu abuelito tiene 62 años. ¿Cuántos días son en total?"

Todas estas preguntas ponen a su hijo a discurrir.

Otro medio para la práctica consiste en procurarse dos termómetros para medir la temperatura ambiente. Coloque uno en el exterior de la casa y el otro en el interior, y pídale a su hijo que halle la diferencia de ambas temperaturas.

"Cuando en Mérida, Yucatán, son las cuatro de la tarde, ¿qué hora es en Ensenada, Baja California?"

Todas éstas son prácticas utilísimas para sus hijos, tanto para discurrir como para aprender.

ALGO EN QUE PENSAR

¿Cuál de estos objetos sirve de ayuda?

termómetros	mapas
muebles	ropa
calendarios	almanaques
árboles	ciudad
regla	preguntas

¡No espero menos de ti!

Su hijo debe saber que usted espera lo mejor de él en matemáticas, así como en las demás materias.

Espera también que él esté en disposición de trabajar con todo su empeño.

Espera también que razone y piense con interés; por eso, usted le inculca el deseo de desempeñarse lo mejor posible.

En resumen, su hijo debe estar consciente de que: "Mamá y papá se interesan en cómo me desempeño en la escuela." Ese interés se pone de manifiesto todos los días, en todo momento.

Si usted no demuestra ese interés por su desempeño, él tampoco sentirá interés alguno, porque éste es como una enfermedad contagiosa. ¡Se transmite y disemina rápidamente!

Permítaseme, sin embargo, una advertencia. No le exija a su hijo más de lo que normalmente puede hacer un niño de su edad. Puede presionar un poquito, sin duda;

pero sólo lo suficiente como para obtener su mejor esfuerzo. Demasiada presión puede provocar problemas, frustración e incluso resultados negativos.

Frases como: "El maestro te va a castigar" o "¡Sabes que no vas a pasar!", no son sino amenazas que no sirven de nada y que además no conducen a que el niño cumpla con su obligación.

En cambio, frases como las siguientes dan excelentes resultados: "Lo vas a lograr. Es justo y razonable y sé que puedo confiar en que lo vas a lograr!"

Esta actitud positiva influye en la capacidad de su hijo para estudiar cualquier materia y puede incluso tener más fuerza que la misma inteligencia innata del niño.

Un padre razonable fija objetivos ambiciosos, pero sólo que estén al alcance de lo que sabe que su hijo puede lograr.

No son muchos los niños que se exigen a sí mismos altos objetivos. Usted sabrá cuándo "soltar las riendas" y cuándo frenar un poco.

"Que pongas tu mejor esfuerzo es lo que pido. Pero ciertamente estoy segura de que lo harás," dice la mamá de David.

Ella lo apoya en todo y le infunde ánimo, a la vez que, si David hace un buen trabajo, lo colma de elogios merecidos. David crece enriqueciendo su autoestima y aprendiendo a autovalorarse.

¡Cuánto le servirá a David esta actitud positiva de parte de su mamá! Y ¡qué gratificador es para su papá y su mamá ver que él se esfuerza al máximo!

ALGO EN QUE PENSAR

He aquí algunas frases que los padres suelen decirles a sus hijos. ¿Cuáles, en su opinión, son razonables y cuáles son inapropiadas?

- "¡Sabes que no vas a pasar!"
- "Estoy seguro de que puedes lograrlo."
- "Siento interés por tu trabajo de la escuela."
- "Lo que yo te pido es que pases de año."
- "El maestro te va a regañar."

Deje que su hijo perciba el interés que usted siente por él

Si su hijo tiene dificultades con la aritmética o las matemáticas, hable con su maestro. (Y hable también con sus maestros, ¡aunque el niño no tenga problemas en la escuela!)

Los maestros de su hijo serán amigos de usted si usted lo permite. Su hijo aprenderá con más facilidad si usted se muestra satisfecho con la escuela y sus maestros, y si sabe reconocer en ellos su labor de enseñanza. Reconozca abiertamente sus méritos, pues los maestros también merecen los elogios sinceros que usted les exprese. A la vez, usted apreciará también los elogios que provengan de parte de ellos.

En verdad es afortunado el niño cuyos padres y maestros se interesan por él y aprecian los respectivos roles de cada parte.

7/03 ① 6/02
8/06 3 5/05

12/08 3 5/05
2/10 4 2/09
11/12 ⑦ 7/12

7/03 ① 6/02
8/06 3 5/05

12/08 3 5/05
2/10 4 2/09